中公新書 2702

宮本直美著

ミュージカルの歴史

なぜ突然歌いだすのか

中央公論新社刊

序　言葉か音楽か――古くて新しい問題

日本で「ミュージカル」というジャンルが広く知られるようになった一つのきっかけは、一九八七年の《レ・ミゼラブル》（一九八五年ロンドン版）の翻訳上演だろう。日本初演時の大々的な広告や制作発表の報道、当時の人気俳優や歌手の起用で話題性を強調するなど、その情報は演劇や舞台に日頃馴染《なじ》みのない人々にまで波及し、日本の演劇界・エンターテインメント界に一大事件をもたらしたという記憶がある。その公演で、プリンシパル（主要な役）の一つであるエポニーヌ役を演じた島田歌穂《しまだかほ》さんが脚光を浴び、国際的にも評価され、英国王室主催のコンサートに招聘《しょうへい》されてエリザベス女王の御前で歌唱披露したことも報じられた。彼女はそれまで日本ではあまり意識されなかった「ミュージカルの俳優」の存在を強烈に印象づけた。

実際には一九六〇年代から東宝が意欲的にブロードウェイ・ミュージカルの翻訳上演を重

ねていたのだが、その舞台はTVや演劇で活躍する俳優や芸人が出演することが多く、一般にはミュージカルというよりは商業演劇の延長と認識されていたように思う。しかし島田さんはその圧倒的な歌と演技によって、ミュージカル俳優としか呼びようのない存在を、身をもって世に示したのである。

以来、この作品は日本で数年おきに上演され、そこでアンサンブル（合唱や群舞、複数の役を担当する出演者たち）や子役を経験した役者が後にプリンシパルを務めるようになるなど、「レミゼ」自体がミュージカル俳優の養成機関のような役割を果たすようにもなった。一方、劇団四季はロンドン・ミュージカルの《オペラ座の怪人》からディズニー・ミュージカルに至るまで、海外のヒット作品を次々に上演した。また、かなり早くからブロードウェイ・ミュージカルを導入していた宝塚歌劇団はヨーロッパの新しいミュージカルにも目を向け、《エリザベート》などのミュージカルを輸入した。

現在ではこれらの劇団以外にも、ホリプロや梅田芸術劇場など、様々な団体がミュージカルを上演するようになり、ミュージカルは日本でも主要なエンターテインメント・ジャンルとして成長した。有名作品は何度再演してもチケットが取れないほどの人気を博している。

ミュージカルの本場であるブロードウェイやロンドンが固定の劇場でロングラン公演を行い、そこでは英米圏以外の作品がほとんどかからないのとは対照的に、日本では東京と大阪の主要な劇場が数週間から三ヵ月の期間で、様々な海外ミュージカルの翻訳上演を行うことが慣例化している。今では東京は、国内に居ながらにしてブロードウェイ、ロンドン、ウィーン、パリ、そして東欧圏や韓国のミュージカルをも鑑賞できる都市となっている。

こうした海外ミュージカル上演の系譜とは別に、もともとジャニーズ事務所は自社アイドルに、歌って踊って演技をする独自のミュージカル的経験をさせ続けてきた。また最近ではミュージカルで活躍する俳優がTVドラマに出演して知名度を上げ、さらに舞台の集客力に貢献するという現象もみられる。日本の芸能界全体は既存の映像分野と舞台演劇に加えて、ミュージカルを新たな軸の一つとして動いていると言ってよいだろう。

しかしながら、そもそもこの「ミュージカル」とは一体何だろうか。歌で展開する芝居という緩やかな理解はありつつも、「レミゼ」翻訳上演が軌道に乗った頃から冗談半分に言われ始めた素朴な疑問、「なぜミュージカルは突然歌いだすのか」という問いは今でもしばしば世間の話題に上る。ミュージカルが一般に知られるようになったのにいまだに、というよりも、広く知られるようになったからこそ、それに付随してこの素朴な疑問もTVなどを通して頻繁に発せられるようになったとも言える。

本書はミュージカルというジャンルの特質を、この「なぜ突然歌いだすのか」という問いを手掛かりに探究していくものである。直接的に「なぜ歌いだすのか」の答えを出すというよりは、そもそもなぜこうした疑問がわくのかという根本を問う作業でもある。つまりこれは「どのようにミュージカルを作るか」という制作者側のジャンル観の問題であると同時に、「どのように感じるか」という私たち受容者の側の問題でもある。

ミュージカルといえば「歌」で「芝居」をするものだと誰もが思い浮かべるだろう。この形態は、耳慣れない用語ではあるが、「音楽劇」という部類に属する。日本の演劇界の一部では一九七〇年以降、劇中歌を含む台詞《せりふ》劇を音楽劇と呼ぶこともあるが、本書で使用する音楽劇とは、従来の音楽史で使われてきたように、歌で進めるドラマを総称する一般名詞である。ジャンル名でも専門用語でもなく、オペラやオペレッタ、ミュージカルに至るまで、様々な個別ジャンルを包括する概念である。

芝居を台詞だけではなく歌で綴《つづ》る形式は、何もミュージカルが始めたことではない。典型的には一六〇〇年頃に誕生したオペラに代表される特徴である。オペラのその後の展開がミュージカルに繋《つな》がっている。それほどの長い経緯を持つヨーロッパの「音楽劇」の延長線上にこのジャンルは成立した。ミュージカルというと、二〇世紀のアメリカで誕生したジャンルと見なされがちだが、アメリカ社会に突然生まれたものではなく、アメリカとヨーロッパの歴史と文化を背負っている。

「なぜ突然歌いだすのか」という問いも実はそこに関わる。それは長い間、互いに伴侶でありながら敵でもあった「言葉」と「音楽」をめぐる因縁の関係を映し出しているのである。そしてこの問いはまた、オペラとミュージカルでは何が違うのか、映画音楽やBGMといった劇伴《げきばん》音楽との違いはどこにあるのか、といったお馴染みの疑問にも繋がっている。ゲーム音楽や近年人気の「2・5次元ミュージカル」も関連分野として加えてよいだろう。それはまた、観客の観劇習慣やリテラシーに関わっており、ミュージカルがハイカルチャーというよりはポピュラーな商業演劇ジャンルである点も、見逃せない要素である。つまりこの問いは多方面に連なる問題系の中にある。

言い換えれば、「なぜ突然歌いだすのか」という問いに対して、「それがミュージカルだから」とジャンル論的立場から返答するだけで終わらせるのではなく、そうした疑問が生じる背景を探究する中で浮かび上がる様々な美学的・社会学的問題を論じていくことが本書の目的となる。

ミュージカルに関する文献は、入門書から学術書まで、日本でも着々と増えている。多くは演劇学および文学（戯曲）作品研究に基づいたもので、とりわけ二〇世紀以降のアメリカ・ミュージカルを紹介しながら詳細に解説・分析する研究は充実度を増している。ミュージカルを単なるエンターテインメントとして捉えるだけではなく、アメリカの社会問題と結びつけて考察する研究も増えてきた。ミュージカルは、そのテーマ内容や業界構造、上演形態、キャスティングやビジネスを通して様々な論点を提起する文化装置でもある。そうした関心のもとで膨大な作品が多方面から論じられることは、ミュージカルの全貌を探究する上で有意義であることは間違いない。まだ日本では知られていない数多くの多様な「ミュージカル」が次々に生み出され、新たな視点や関心が喚起されている。

しかしながら、変化と勢いのある世界的な「ミュージカル」動向を鋭く分析する演劇学の専門家が多数存在する一方で、音楽社会学を専門としてきた筆者が本書で目指すのは、ヨーロッパの音楽史を背景として、「音楽の側から」ミュージカルを見ることである。筆者はこれまで「言葉か音楽か」という問題と対峙《たいじ》してきた。具体的には、ヨーロッパにおけるオペラと交響曲の受容場面を通して、言葉と音楽の美学的・社会学的問題を扱ってきた。ミュージカルという音楽劇もまた、その問題意識に連なる。ミュージカルの音楽面に注目しようとするなら、ヨーロッパのバックグラウンドに目を向けないわけにはいかない。

本書では、個々の作品解説を主眼とはせず、あくまで音楽的特徴や意義の観点からメルクマールとなったいくつかの作品を焦点化する。そのうえで、比較的よく知られている作品、日本で上演されたことのある作品の音楽に光を当てることで、昨今増えつつあるミュージカルへの知的関心の中で、音楽面への注目度も高まるものと期待している（なお、作品名は原則としてその初出に初演年と都市または国名、日本初演年を付記するが、米英についてはブロードウェイとロンドンでの初上演を初演として扱っている)。

「なぜ突然歌いだすのか」という素朴な疑問が示している通り、ミュージカルとは語ればよいはずの台詞をわざわざ歌って聞かせるのである。歌はキャラクターの秘められた内面を観客に知らせるためだけにあるのではない。登場人物同士の会話でさえ、なぜ歌う必要があるのか？　なぜ音楽が不可欠なのか？　観客にとってミュージカルの音楽とは何なのか？――そうした視点に立って、音楽で物語を綴るこのジャンルの歴史と美学的特徴を紐解《ひもと》いていこう。

目次

第1章　歌の世界と台詞の世界

人はいつ歌うのか

劇（ドラマ）において音楽は必須とも言える。私たちは演劇でもTVでも映画でもアニメでも、特に物語が感情的に盛り上がる場面では、音楽が鳴っていることを当然のように受け止めている。ショッピングモールやレストランのBGMは別として、日常の会話の背後に音楽が鳴っていることなどないというのに、私たちはドラマの背後に流れる音楽に違和感を持たない。それどころか、劇的効果のために音楽が消された場面に出会うと、その沈黙に気づかされるほど、音楽は当たり前のようにドラマに埋め込まれている。

しかし、映像で見ている普通のドラマの中で登場人物が歌ったらどうだろうか。途端に違和感を覚えるだろう。確かに、人間は日常では会話の途中で歌ったりしないのだから、その唐突な行為は驚かれても仕方ない。しかし「日常では」という点から言えば、会話の背後に場面に合ったBGMが鳴っていることもまたありえない。映像ドラマの中でのBGMは自然に受け入れられているというのに、なぜ登場人物が歌うという現象には違和感がつきまとうのだろうか。

最近ではこの違和感を伴う歌台詞がミュージカルの特徴だと広く認識されるようになった。TVのバラエティ番組にミュージカル俳優が登場すると、会話やアナウンスの言葉を即興の旋律に乗せて言うといった笑いのパターンがしばしば見受けられる。本格的な歌唱力で意味のない言葉を歌にして聞かせることで、リスペクトを持ちながらもミュージカルを茶化して楽しむというような場面である。こうした視線はバラエティ番組に限ったことではない。ミュージカル映画そのものを製作しているディズニーもまた『魔法にかけられて』(二〇〇七年アメリカ公開、二〇〇八年日本公開)の中で、異世界から現代のニューヨークに登場した王子が歌い出そうとすると大都市の雑踏に邪魔をされて視聴者の笑いを誘う場面を盛り込んでいる。ミュージカル映画の中でミュージカル的な展開を自虐的に茶化すのである。「現実」社会の中で突然歌うという行為は、それほど現実離れした奇妙な振る舞いと認識されているからこそ起こる笑いであろう。

その振る舞いが奇妙に感じられるのは「現実ではまず起こりえないことだからだ」という理由づけは、ここでは退けたい。というのも、現実では起こらないことを描いているにもかかわらず、普通に受け入れられているドラマの設定や展開は無数に存在するからだ。現実にありそうか否かという問題ではなく、私たちが日常で「歌う」行為がどのような場面かを振り返ってみよう。

人が人前で歌うのは通常、周囲が歌うことを許容している文脈においてであって、いつでもどこでも歌えるという日常はない。学校の授業やサークル活動での合唱、人々が集まったイベントでの斉唱、友人とのカラオケなど、歌う場面は、社会において暗黙のうちにある程度ルール化されている。日常のコミュニケーションの中で突然歌い始める人がいれば、周囲は「変な人」と感じるかもしれないし、それがまじめなシチュエーションであれば「ふざけているのか」と思われかねない。その意味で、歌う行為とは、ＴＰＯをわきまえる礼儀のように、きわめて社会化されていると言ってよいだろう。

ということは、「ここは歌う場である」と了解されている状況では、人々は歌唱に対して違和感を持つことはない。ミュージカルというジャンル自体がその一つであり、少なくとも、劇場や映画館にミュージカル作品を観に足を運ぶ観客には「登場人物が歌う」という認識が共有されているはずである。その認識を持っているかどうかは、実はリテラシーの問題で、その人が過去にどのような文化に接してきたかという慣れ親しみに依《よ》っている。たとえば物心がつく前からミュージカルに親しんでいた人にとっては不自然なものではないだろうし、大人になってから初めてそれに触れる人にとっては、慣れないものかもしれない。しかしここではリテラシーの問題にするのではなく、それでもなお台詞が歌になる時に違和感が生じる理由を検討してみよう。

演劇や映画で描かれるドラマは、そもそもは人間生活の疑似的な再現として、台詞を話すことで進められる。そこでは登場人物は現実世界と同じように振る舞う。歴史ものでも、SFでも、ロボットや動物が主要な役割を担うファンタジーでさえも、登場するキャラクターは言語を使って会話し、心を持ち、人間のように行動する。歴史ものでは多少古めかしい言葉を使うにしても、現代人が理解可能な言葉でやりとりをするし、オペラや能のような様式化された声ではなく、通常の会話と同じ声を用いる。ロボットの声が機械音で抑揚のない台詞であったとしても、観る側が聴きとるのに支障のない範囲は守られる。ドラマの中の会話は現実世界の私たち観客と似たテンポや話し方に沿って行われる。フィクションの設定の可能性は無限にあるにもかかわらず、登場人物が突然歌って台詞を言うことはない——それをした途端に「ミュージカル」、あるいは「ミュージカル風」だとカテゴライズされることになる。

つまりミュージカルは、語ればよい台詞を歌って告げるジャンルなのである。日常的に台詞で進む映像ドラマに慣れていれば、このこと自体が奇妙に感じられるのもやむをえない。

台詞で進行する劇の中に歌が入ってくるタイプのものには戸惑う人がいる――それが気楽なコメディではなくまじめなストーリーであればなおさらである。しかしそのミュージカルの中でも、語りの台詞がほぼなく、全編が歌で進行するタイプのものにはそれほど違和感を持たないという声も聞かれる。はじめから終わりまで、すべて歌で綴られる芝居は、観ている側も比較的容易に「これは歌で物語が進むジャンルなのだ」と文脈を了解できるからなのだろう。だとすると、違和感の源は「突然歌いだす」――台詞から突然歌いだして歌い終わると普通に話しだす――ことにあるようだ。台詞と歌の切り替えの際に何らかの「段差」を感じるということだろう。様々なタイプのミュージカルに慣れているはずの筆者自身、違和感とまでは言わないが、演目によっては歌と台詞の「段差」を強く感じることがある。では、歌で展開するドラマとしてのミュージカルの中で、全編が歌われるタイプと台詞・歌が混在するタイプとで、違和感に違いが生じるとすれば、それはなぜなのだろうか。

映画音楽の枠組

ドラマと音楽の関係を考えるために、ここで映画音楽の分析枠組を参照してみよう。実はミュージカルとは異なり、映画音楽の研究はかなりの積み重ねがある。映画はその制作過程においても、受容場面においても、視覚的効果と台詞以外の聴覚的効果を分けて考えることが当たり前になっている。映画では、物語は台詞で進められ、音楽はあくまでその次元とは異なる背景音楽として重ねられているためであろう。その音楽はドラマ進行の背後に加えられるBGMなのだ。これを映画音楽の世界ではアンダースコア（台詞を邪魔しないように映像を強調・補足する主にインストゥルメンタルの楽曲）と呼んでいる。

背景的な効果を担う音と音楽は、その画面の背後に映っている家具や風景と似たような役割を与えられている。それは決して副次的な存在だという意味ではない。その役割は映像にとって重要ではあるが、しかし台詞と登場人物の身体（表情や身振りを含む）によって進められるドラマと同じ次元にはない。役者による芝居が前面にあるとすれば、音楽は背後にある。それがいわゆる劇伴音楽の位置づけだろう。映画においては、視覚表現と聴覚表現を分けたうえで、音や音楽が視覚的に提示されているものとどのような関係にあるかという観点で、その機能の分析が行われる。

映画音楽論者のミシェル・シオンにならって言えば、映画において「フレーム内の音」（あるいは「インの音」）と呼ばれるものは、音源がスクリーン上に存在する音のことであり、物語の場面の中に存在する音が登場人物にも映画視聴者にも聞こえている状態を表す。一方、スクリーン上に映されていなくても、音源がその場面には存在することが理解できる場合には「フレーム外の音」とされる。この二者の違いは、音源がカメラによって捉えられているか否かであって、どちらも物語の中に音源は存在する——たとえばスクリーンに映っている部屋で、ラジオ自体は画面に映ってはいなくともラジオから流れる音楽が聞こえる場面のように。それに対して、物語の場面から直接生み出されるのではない——つまり音源が場面とは無関係の——音・音楽が「オフの音」とされる。不安を煽《あお》るようなサスペンス感のある効果音、BGMなどがこれに当たる。映画音楽については「物語世界の音楽」と「非物語世界の音楽」という分類もあるが、これも音源が物語世界内にあるか、その外側（観客側）にあるかという点での区別である。

しばしば例に出されるのは映画『タイタニック』（一九九七年アメリカ・日本公開）における客船の沈没前の弦楽四重奏の描写である。スクリーンに映る演奏者たちは、船内の楽隊員であり、彼らが奏でる音楽は「フレーム内の音」となる。しかし映像はやがて演奏者から離れ、船内を逃げ惑う人々を映し出す。そこでも弦楽四重奏は引き続き流れており、その時その音楽は「フレーム外の音」となっている。さらに、状況が緊迫して演奏どころではなくなっているはずなのにその音楽が鳴り響いている時、それは「オフの音」、つまりBGMとして機能している。映像はパニック状態になっている船内を映し出しているのに、流れる音楽は静かでゆったりした室内楽であり、視覚的な情報と聴覚的な情報を敢《あ》えて正反対のものにすることによって、かえって場面の劇的効果を高めている。それは物語内世界に鳴っている音楽ではなく、映画の視聴者に直接聴かせるための音楽である。

映画ではこのような音楽の使い方は珍しくない。音楽はフレームの内外とオフの音という次元をシームレスに往復しているのである。映画で綴られるドラマの中で、観客に聴こえる音楽は物語内世界とその外部世界とを——言い換えれば物語のリアル世界と観客のリアル世界を——行ったり来たりするわけだが、そこに断絶はない。むしろスクリーン上で場面が切り替わっても、鳴り響く音楽によって繋がっているように見せるという映像作品ならではの役割を果たしているとも言える。

視覚表現と聴覚表現とを別に制作して編集時に効果的に埋め込む作業過程を取る映画の考え方を、ライヴ・パフォーマンスであるミュージカルにそのまま適用することはできない。しかし映画音楽の分析視角からヒントを得て、ミュージカルにおける異なる次元という見方を採用してみることはできるだろう。まずは台詞の世界と歌の世界という二つを考えたい。

ミュージカルにおける複数のリアリティ世界

ミュージカルのストーリーと音楽の関係を『ドラマとしてのミュージカル』で論じたスコット・マクミリンは、台詞で進行する台本の時間（ブック・タイム）と、その流れを止めて歌のナンバーがドラマを動かす時間（リリック・タイム）とを区別したうえで、ミュージカルというものは二つの異なる次元の時間によって成り立つものだと述べている。台詞から歌に、あるいはその逆に移行する際に生じるそれぞれの時間の「中断」こそがミュージカルの本質であって、それが表現の幅を拡張する契機であると考えているのである。

マクミリンのミュージカルにおける二つの次元という視角はここでも共有したい。しかし本書では、その二つの次元を「時間」という線的な方向性を持つ概念で捉えるのではなく、台詞と歌という表現法の違いが成り立たせているリアリティ世界という見方をしよう。

「リアリティ」には、現実社会にありえることという意味とは別に、物語内での真実性という意味がある。たとえばファンタジーの物語は私たちの現実社会とは全く異なる世界であるにもかかわらず、その中で生きる登場人物たちの行動に共感したり涙したりして感情移入する場合、私たちはそれをリアルだと感じている。それはフィクションとしての物語の一貫した世界の中の出来事であり、いかに現実社会に起こりえないことであっても人間ドラマとして説得力を持つのである。私たちは、実際には起こりえないことを理解した上で、諸々《もろもろ》の前提となる「お約束」を共有して、その物語世界の中に入っていく。そもそも、現実社会に起こりうるドラマにおいてさえ、登場人物を、演じている俳優の名前を認識しながら物語世界の人物として二重に見ることに慣れている。ドラマの中の登場人物が死んだとしても、その俳優が死んだわけではないことを十分分かっていながら、物語内の人物の死を悲しむ。フィクションであっても一貫性をもって完結していることを前提として、それを自分たちの現実世界とは区別をして受け取っているのである。

設定が何であれ、台詞で進められる演劇の世界は、私たちの日常と同じような形態のリアリティ世界である。そのドラマの最中に流れている音楽はあくまで会話ベースのドラマの背後にあり、BGMである。たとえ映画などで物語の最中に主題曲をじっくり聴かせる場面があったとしても、それは台詞とは異なる情緒を補強する（あるいは劇的効果として対置させる）ためのものであり、台詞と同じ次元の存在にはならない。

しかし一方、歌（歌詞&旋律+伴奏）でドラマを進めるミュージカルにおいては、歌が台詞の代替として同等の存在となる。全編が歌で進められるミュージカルの場合、それは歌の世界のリアリティとして成立しているのであり、私たちの日常世界とは異次元の一貫した物語として受け止めることができる。「すべてが歌で綴られる世界」だと了解できる人にとっては、常に歌で芝居が進められることにそれほど違和感はないかもしれない。

音楽劇においては台詞で成立する世界と、歌によって成立する世界それぞれが独自の論理を持って一貫したリアリティを築けるという前提に立てば、ミュージカルにしばしば付随する違和感は、これが混在し、二つのリアリティ世界を行き来する時に生じると考えられる。会話で進んでいた話が、突然歌に変わる時、歌い終わってまた話し出す時、などである。そこでは物語を進める言葉の流れとテンポに断絶が生じてしまうわけである。ミュージカルとは、本質的にこの断絶を抱え込んだジャンルだと言えよう。しかし、映画の音楽が時間と場所の飛躍を無理なく繋ぐように、ミュージカルの音楽も、異なる次元の世界を繋ぐ役割を果たせるはずである。

人気のミュージカル映画である『グレイテスト・ショーマン』（二〇一七年アメリカ公開、二〇一八年日本公開）の冒頭には次のような場面があった。幼いバーナムとチャリティが海辺で話し始めると間もなくバーナムが突然歌いだす。登場人物が歌うというこの「ミュージカル場面」が始まって間もなく、二人がいつのまにか林に入っていく映像に切り替わる。そして鳴り続けている歌は人物の動きからずれ始める。歌はそのまま続く一方、映像はその後の二人の別れや困難、数年にわたる文通による繋がり、成長したバーナムが求婚に訪れ、結婚して新居の屋上で踊るまでの流れを映し続ける。この一連の場面は、開始時にこそ台詞から歌への断絶があったものの、その後は映像と歌が分離するにつれ、歌がBGMとして機能し、長い年月の経過を表現する役割に変わる。その間の経緯は断片的な言葉と映像で説明される。場面は次々に異なる時間と場所のカットを映すのに、音楽は一曲の歌のまま連続して流れ、それが二人の物語の継続性と幼少期の記憶をも負っているわけである（映像に合わせて歌声は少年の声から大人の男声に変わり、チャリティも歌声を重ねる）。個別の場面を連ねる際に生じる時間や場所の飛躍が、持続する音楽によって一つのシークエンス（ショットやシーンのまとまり）として成立しうるということは、映像の世界ではよく知られた技法である。これは映画という表現形態の例だが、舞台のミュージカルでも、しばしばこれに類するものがある。登場人物たちが時間的・空間的に、または心情的に離れているなど、物語進行上の何らかの断絶を音楽によって繋ぐという場面である。

ここで目を向けたい要素は、台詞世界と歌の世界を繋ぐ〝音楽そのもの〟、つまりアンダースコアの役割である。その機能をここでは「音楽の物語り（ストーリー・テリング）」と呼んでおこう。この視点を加えると、ミュージカルが体現するリアリティ世界は、台詞で展開される次元、登場人物自身の歌によって展開される次元、それに加えて音楽の語りによって展開される次元の三つとなる。ここに先に挙げた映画音楽論の図式を援用すれば、台詞は物語世界内のものであるが、アンダースコアの音楽は観客にだけ聴こえる非物語世界にあり、歌については、詞は台詞と同等に物語世界内にありながら、その旋律と伴奏はアンダースコアと同様に非物語世界に属する（劇中歌や劇中ショーは物語内の音楽である）。歌は物語内世界と物語外世界の要素を同時に併せ持っていると解釈できる。つまりミュージカルの台詞・歌・アンダースコアは物語世界内外のリアリティを複層的に含みこんでいる。そして、映画で画面が切り替わる断絶を音楽が繋ぐように、ミュージカルにおいても、異なる次元で展開しているドラマを音楽が繋ぐのである。

映画論においてはアンダースコアの重要性が指摘されるが、その音楽は観客によって意識的に聴かれるものではない。つまりコンサートで音楽を集中して鑑賞するようには聴かれず、あくまで主要な役割は映像にあるということである。ミュージカルにおいても、ナンバーとなっている歌以外の音楽が意識されることはほとんどない。しかしその音楽は、台詞と歌で進むドラマの中で大きな役割を果たしている。これらの三つの次元を、ミュージカルが成立する前から、種々の音楽劇は調停してきた。

音楽劇の宿命

台詞によるドラマに慣れている現代からすると、そもそも物語を舞台上で提示するのに、なぜ歌うのかという問いが浮かぶかもしれない。しかし歴史的に見れば、あるいは世界中の演劇文化を見渡してみても、はじめから歌や音楽を含んでいるものの方が圧倒的に多い。だとすれば、なぜ「歌うのか」ではなく、現代のように台詞劇や映像ドラマが成立してもなお、なぜ歌で物語を綴るジャンルが生き残っているのか、なぜ今なおそのようなジャンルがます受け入れられているのかを考えるべきだろう。

現在では創る側も観る側も、選ぼうと思えば台詞からなるドラマの形態だけを選択することができる。語ればよい台詞をわざわざ歌うという、まどろっこしいジャンルは淘汰《とうた》されてもおかしくない。しかしそうはならなかった。それどころか、歌で綴る物語、つまりミュージカル・スタイルのドラマは増えている。ディズニーに典型的なように、昨今の映画では、よく知られた物語をミュージカル版として創作し、それを舞台版でも上演したり、ミュージカルとして大ヒットしている作品を映画化したりする例がいくつも見られる。人々はむしろ、ドラマの中に歌が入っている演目を歓迎しているようにさえ見える。

ミュージカルは、他の音楽劇ジャンルと同様に、そもそも困難な課題を抱えたジャンルである。演劇も映画もドラマも、基本的に台詞とナレーションで進行する。その言葉を歌に乗せた時点で、語る台詞よりも何倍も時間を要するという問題が生じる。どんな言葉も、旋律に乗せて歌にすれば必要以上に時間がかかる。そのため、同じ物語を台詞のみで表現する演劇と、歌芝居で綴るミュージカルでは、観客に伝えられる言語情報量に大きな差が生じる。つまり音楽劇は、オペラにせよオペレッタにせよミュージカルにせよ、台詞ほどには情報を盛り込めないために、複雑で込み入ったドラマを表現するのは難しい。この〝効率の悪さ〟は音楽劇の宿命と言えよう。

この点を踏まえれば、オペラやミュージカルがしばしば戯曲や小説などの作品を翻案してきた理由も納得できるだろう。作品内で説明せずとも、物語の大枠はあらかじめ観客に与えられているからである。原作を持たないオリジナルの音楽劇は、単純なパターン化された物語になりがちであり、あるいはまた一貫したストーリーを持たない作品になることが多い。ある程度まとまった複雑な物語を歌で綴るためには、観客の原作の知識に依拠することが合理的なのである。

そうした不利な条件を本来的に抱えながらも、歌で芝居をするという音楽劇が廃《すた》れずに発展してきたのは、そこに台詞劇とは異なるものが求められていたからだろう——それが歌であり音楽なのだ。台詞では表現しきれない何か、それを超える何かを人々は求めてきた。その結果が音楽劇の諸ジャンルであるとすれば、私たちは時間のかかる歌のドラマをむしろ楽しんでいるということになる。

台詞だけでは実現できない何かを歌に求めて、なおかつ言葉によって物語を進行させようと、音楽劇は歴史的に様々な特徴を獲得してきた。原作に依拠すること、語りのような歌の様式を編み出すこと、音楽でドラマ性を感じさせる方法、などである。比較的新しいジャンルであるミュージカルも、オペラに発する音楽劇ジャンルの根本問題、すなわち言葉対音楽という問題を不可避的に内包しているのである。

このような美学的問題を出発点として確認した上で、次章以降ではオペラから現在のミュージカルに至るまでの系譜を辿《たど》ってゆく。そして再び、ミュージカルにおける台詞と歌の問題に立ち返ることとしよう。

ここで、これから登場するいくつかの関連ジャンルの見取り図を提示しておきたい。ミュージカルに関連する諸ジャンルは多岐にわたり、ある地域に一時的に隆盛しては形を変えたものも多い。どのようなジャンルが、いつ頃、どこで成立していたのかを視覚的に示すことで、入り組んだ流れを全体像の中で捉えることができるだろう。

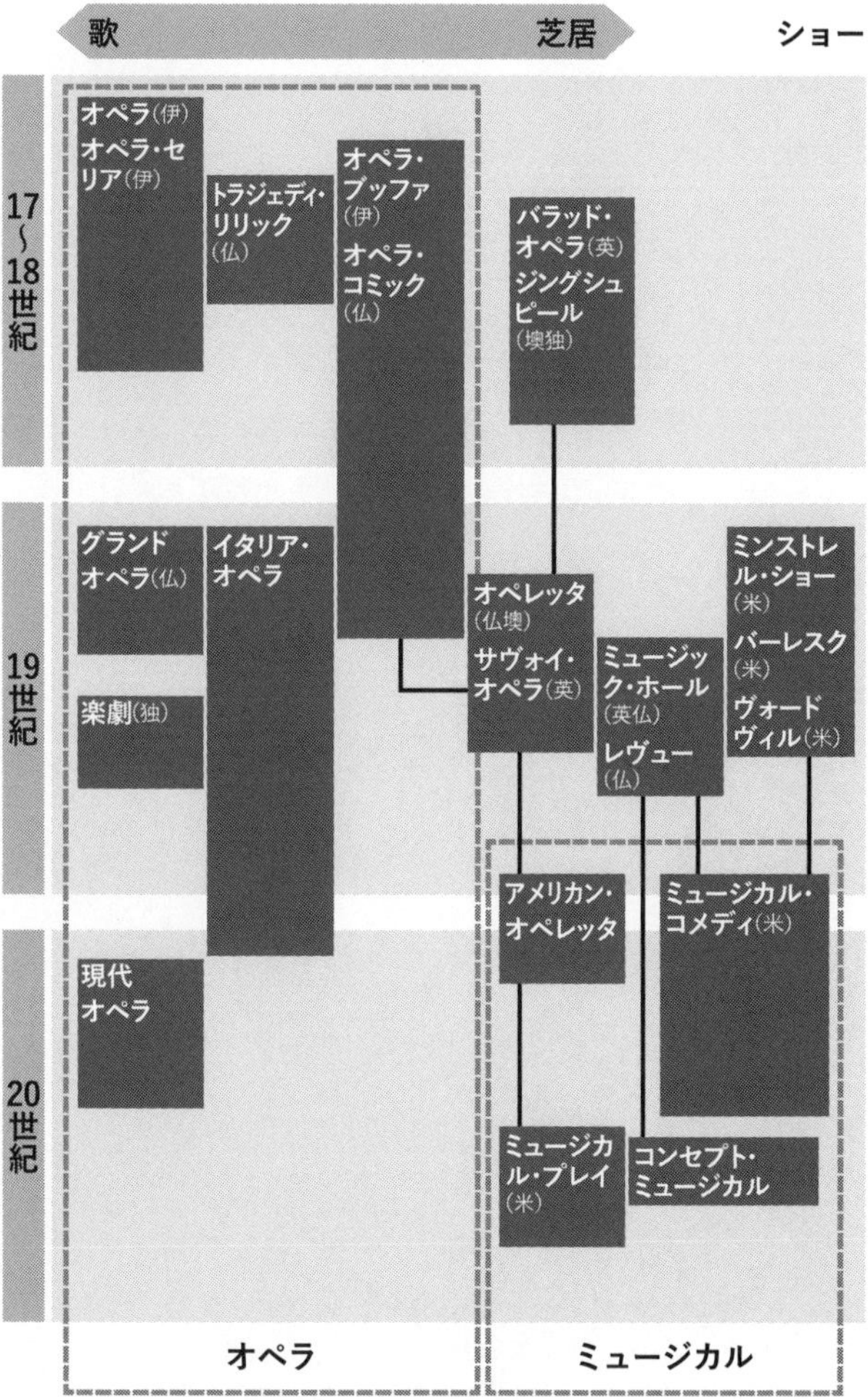

図1　ミュージカル関連ジャンルの展開

第2章　芸術としてのオペラ・娯楽としてのオペラ

古代ギリシャ悲劇

西洋の演劇の歴史は古代ギリシャまで遡《さかのぼ》る。そこでの演劇実践もさることながら、早い時期に「悲劇」がアリストテレスによって理論的に論じられたことは重要な意味を持つ。それが後のヨーロッパ社会において、ドラマの作り方の指針を与える規範となっていったためである。そしてギリシャ悲劇は、演劇の基礎としてだけではなく、音楽および音楽劇の基礎としても、ヨーロッパの文化史上重要な役割を果たした。西洋の芸術文化は常にその文化的精神的起源である古典古代、つまり古代ギリシャ・ローマ時代に範を見出《みいだ》して新たなジャンルを生み出したり改革を行ったりしてきたのである。

よく知られているように、シーンの語源となるスケネー、オーケストラの語源となるオルケストラ、コーラスの語源となるコロスといった用語はここに発している。後の演劇・音楽用語とは意味が異なるものの、後世の舞台・音楽との結びつきは明白である。ここではとりわけコロスの存在に注目したい。

コロスとは、当時の合唱舞踊団と理解されており、単に合唱を担ったのではなく、歌い踊る集団であったとされている。ギリシャにおけるドラマの始まりはそもそも宗教的な儀式であり、その供物《くもつ》として歌や舞が取り入れられた。ギリシャ悲劇は、名前を持つ登場人物の他に、場面に応じて臣下や群衆など様々な集団を担う役割としてコロスを備えていた。

当時のコロスがどのような「歌（音楽）」を奏していたのかは知りえないが、それは独立した「音楽」というよりは、韻を持つ詩であったようである。現在上演されるギリシャ悲劇で見られるように、言葉の韻やリズムを伴って集団で声を発するのがコロスの役割である。したがって、コロスが担っていたのは詩であり、詩とはそもそも音楽的な響きを持つものであった。しかし言葉の韻律に従う音楽的な語りと、音楽的な歌とは異なる。韻律がリズムの役割を果たす語りは、音楽として独立した旋律を持つものではなく、言語に従属的な音響効果である。そのため、ギリシャ悲劇自体は音楽劇とは言えない。しかしこれは、その後の音楽劇の展開を辿るうえで不可欠な起点なのである。

ギリシャ悲劇は後世におけるような意味での音楽劇ではなかったが、一七世紀にオペラを生み出した人々はそうだと理解――言わば誤解を――した。一六〇〇年頃のフィレンツェに集《つど》った富裕層の教養人たちは、古代ギリシャ悲劇を復興させようとして研究を重ね、その結果として新ジャンルを生み出した。それがオペラという音楽劇である。総譜が現存する最古のオペラはモンテヴェルディの《オルフェオ》（一六〇七年）で、現在でも時折上演されている。

オペラはその成立当初から歌と音楽で物語を進めるジャンルとして理論的に規定された。楽器による伴奏を背景に、登場人物が台詞に相当する詞を歌うのである。オペラはギリシャ悲劇の復元という使命感を持って意識的に作られたからこそ、物語を進めることと歌うことの両立という問題を克服しようと、はじめから工夫が編み出されていた。それが「レチタティーヴォ」と「アリア」という二つの種類の歌である。

前章で触れたように、語ればよい内容を歌に乗せることは、ストーリーを観客に伝えるという観点では非効率的である。それを解消するために、オペラでは語りに近い歌唱で説明や会話を担う機能のレチタティーヴォを作り、他方で登場人物の喜びや悲しみといった感情に浸る、歌本来の役割を担う形態としてアリアを置いた。初期のオペラは、語りや会話の歌であるレチタティーヴォによって物語を進行させ、それに続くアリアで物語の進行を止めて登場人物の感情を表現した。アリアとは、台詞では実現できない感情の吐露を担う歌であり、それこそがオペラの特色となる。これら二つのタイプの歌を並べて軸とし、その合間に器楽、重唱や合唱を配して、全体として数時間の音楽劇作品が成立することになった。ここで用いられた合唱が、古代ギリシャでコロスと呼ばれていたものをルネサンス後期の人々が解釈したものであった。

レチタティーヴォとアリアという二種の歌の発明は、音楽劇の原理を考えるうえで重要である。レチタティーヴォは言葉の意味を伝えることが主眼であるため、旋律を聴かせる必要はほとんどない。歌詞の量に対して旋律にはそれほど音楽性はなく、あまり動かないメロディに多くの言葉を乗せるようなものであった。その歌に付されたのは、通奏低音と呼ばれる低音伴奏楽器群で、はじめは若干の和音を添える程度のシンプルなものだった。それに対してアリアは歌われる詞の分量が圧倒的に少ない。つまり言葉の意味を伝えることが重要なのではなく、アリアは短い歌詞を繰り返して、喜怒哀楽の感情をたっぷり表現しつつ旋律と声の技術を聴かせる長いナンバーとして発展した。

オペラという新しいジャンルが一六〇〇年頃に登場して間もなく、このジャンルの見どころ・聴きどころはアリアに集中した。観客が期待するアリアはますます長くなった。一八世紀に流行したダ・カーポ・アリア（はじめに戻るアリア＝ABA形式）はその傾向を助長した。

ＡＢＡ形式でＡを反復する際には、歌手独自の自由な即興によって幅広いアレンジを加えて延々歌い続けることができた。観衆もまた歌手のアリアを目当てに来ていたのである。ストーリーを度外視して拡大するアリアの習慣に対して、グルックという作曲家は苦言を呈して音楽ドラマとしての重要性を説いたものの、現場では相変わらず物語の筋を追うことよりも、歌手のアリアを聴くことが最大の楽しみであった。

現在ではオペラというと一般的に、宮廷もしくは貴族社会の文化と思われている。確かにオペラが誕生した場は貴族の邸宅であり、やがてそれは宮廷オペラと呼ばれるようになった。宮廷オペラは、登場人物が高貴な人々で、題材は古代の神話や歴史上の英雄譚《えいゆうたん》から取ると決められていた。そして格調の高さを保つために、全編が歌われるべきものとして規定されていた。日常会話のような台詞を含めないのである。レチタティーヴォは台詞を使わないように生み出された歌唱スタイルである。宮廷オペラは、貴族たちが自分たちと同じ身分の登場人物の予定調和な物語を観て安心するために創作され、鑑賞された。そしてそれは外国からの要人の接待にも活用され、舞台装置や衣装の豪華さから宮廷の威信や経済力を誇示する役割も果たした。

商業オペラ――歌と台詞の混在

しかしながら、オペラというジャンルはそれだけではなかった。高貴なオペラが誕生してまもなく、一七世紀前半のヴェネツィアでは、都市に商業オペラの劇場がオープンしていた。その後も次々にオペラ劇場が建設され、その動きはイタリア各地に広まった。この商業オペラは、宮廷オペラ以上に後のミュージカルの展開にとって重要な源泉となる。

当初は宮廷オペラも都市の商業オペラも、作曲家が重なっていたこともあり、形式上はそれほど違いがなかった。商業オペラを観に来るのは、上流階級から下層の市民に至るまで幅広い層であったため（劇場内は階級別に仕切られていた）、題材も内容も高貴な人々だけに向けたものではなかった。一八世紀になると宮廷オペラのスタイルはオペラ・セリア、商業的オペラはオペラ・ブッファと呼ばれるようになり、様式的にも違いが明確になっていった。重要な違いは、セリアは全編通して歌われることが規範とされた一方、ブッファには台詞も入るという点である。作曲理論上、「格上」に置かれたオペラ・セリアは、その格ゆえに厳格な規則と慣習に縛られた。それに対して「格下」の商業的オペラのお陰で、一七～一八世紀は貴族階級にも庶民にも、それぞれのオペラが行きわたり、主要な娯楽として愛好されていたのである。

当時、音楽の先進国であったイタリアは、このジャンルをヨーロッパ各地で隆盛させることになった。主として宮廷オペラを積極的に輸入したのは中小国領邦の集合体であったドイツの多くの宮廷であった。一方フランスは国王の宮廷で、フランス風に加工して独自のオペラを作り上げた（トラジェディ・リリック）。中央集権国家であったフランスでは、オペラに必ずバレエ・シーンを挿入して、バロック的な壮大なスペクタクルと共にその豪華さを増大させ、国王の威信に寄与する国家的な芸術に育て上げた。

外国では上流階級の威信として高尚なオペラが存在感を示したのに対して、産地イタリアではむしろ商業オペラが隆盛した。音楽史で通常説明されるオペラとは、宮廷オペラであるが、社会的に重要だったのは商業オペラの方である。それが当時どのような娯楽であったのかを説明するのに、現在のサッカーのようなものだという例えもある。極端なようだが、今よりも娯楽の少なかった一八世紀、そして一九世紀においても、商業オペラは都市の大きな娯楽だったのである。見せ場であるアリアの歌唱が満足できるものであれば、観客は口笛を吹いて囃《はや》し立て、最高音に届かないなど不満足な結果に終わればブーイングの嵐となるなど、現在のオペラのイメージからはおよそ想像もつかないような形で楽しんでいた。

歌手の技量次第で拍手喝采やブーイングが起こっていたということは、オペラのストーリーがアリアのたびに中断されることが当たり前だったことを物語る。こうした状況は高貴でまじめなはずの宮廷オペラでも同様に見られた。貴族たちにとってオペラ劇場は社交の場であり、劇場内では飲食やゲームなどに興じて、有名歌手のアリアの時だけ耳を傾けるような光景も常態化していた。いずれのタイプにおいても、オペラは娯楽であり、物語の展開よりも「歌」そのものに関心が向いていたのである。

オペラが宮廷と結びついていたフランスやドイツに比べて、商業的なオペラがイタリアで隆盛した背景には、興行形態も関わっている。フランスやドイツでは宮廷が常設の楽団を抱えており、そこにスター級の歌手を一時的に招聘《しょうへい》していた。これらの国では、オペラを安定的に公演することができた。それに対してイタリアでは、都市ごとにインプレサリオと呼ばれた興行師が公演を企画することが一般的だった。それは演目ごとに会場を確保し、演者を集め、宣伝を行うという形態であり、興行の成否を観客動員が左右するビジネスであった。

オペラが商業的な舞台であったということは、より多くの観客を集めることが優先されるということである。オペラの人気はまず歌手の技量で決まっていた。毎年のシーズンが始まり、新作オペラの話題になるのはまず歌手についてである。ある都市で評判の良かった歌手は口コミで広まり、別の都市での上演の際にはそれが宣伝材料になった。オペラのポスターには歌手の名前が大々的に書かれた。作品名や作曲家名よりも重要な情報だったのである。歌手の側は人気が上がればギャラも上がるため、自分の歌がよりよく聴かせられる楽曲にこだわった。新作のアリアが自分の声やテクニックをアピールできる楽曲であるかどうかを、歌手は常に気にしており、自分の歌唱力が発揮できないと判断した時には、歌手が作曲家に書き換えを要求することもあった。一九世紀前半までは、オペラ作曲家よりも有名歌手の立場の方が上だったのである。さらには自分の持ち歩いているアリアを勝手に挿入することさえあった。

このようなカオスぶりを見ると、商業オペラとは一つの「作品」としては成立しておらず、上演地の事情によっていくらでも改変されるその場限りの興行であったことがよく分かる。商業オペラは数週間ごとに次々に別の都市で上演される。公演カンパニーが移動するのではなく、基本は現地調達で開催される。そのため、上演地で調達できる条件に合わせて歌や楽曲編成を変更することもあった。上演地がイタリア以外の場合には、当然現地語で上演される。

インプレサリオが最も恐れたのは甚大な赤字を背負うフィアスコ（興行の大失敗）である。そうならないためには、作品の内容を変えてでも観客に受け入れられるような形で上演しなければならなかった。現代の価値観からすればそれは芸術とは言い難い。現地の事情や動員を優先すれば、必然的に大衆迎合的な内容にもなる。しかし見方を変えてみれば、その都度現場に合わせて改変できる商業オペラは、宮廷オペラとは全く異なる柔軟性を持ち合わせていたということでもある。オペラ・セリアには悲劇理論と同等の厳格な作劇術・作曲法が設けられていたのに対し、商業オペラにはそうした制約はほとんどなく、時代の流行や地域の好みに合わせて内容をいくらでも変えることができた――制約をもたらすのはむしろ、出演者の人数制限など、時代や地域、会場によって定められた法律上の規制であった。

上演地で喜ばれそうなもの、流行《はや》っているものをいち早く取り入れることができる柔軟な商業オペラは、貴族社会崩壊後にオペラが生き残る道を用意した。商業オペラは、大衆的人気を集められるアリアを中心に置き、レチタティーヴォを軽視または放棄して台詞を使った。上演地によっては、レチタティーヴォ部分は楽譜すらなかった。そうすると台詞や対話から、突然アリアを歌っていたということになる。このタイプのオペラを娯楽として享受していた観客は、台詞から突然歌いだすことに違和感を持つどころか、物語は台詞でテンポよく運ぶことを期待した上で、何よりもアリアを楽しみの頂点として待っていたのである。

市民社会のオペラ

もしオペラが宮廷や貴族だけのものであったなら、一九世紀の貴族社会が衰退していく中で生き残ることはなかっただろう。宮廷オペラは王侯貴族をパトロンとして成立していたため、貴族が勢力を失った時には支えることができなくなった。事実、宮廷オペラは消滅した。しかしオペラ自体は一九世紀になっても廃れることはなかった。フランス革命直後に生み出された作品には社会の混乱が反映され、革命や政治を題材にする（させられる）などの迷走も見られたが、一九世紀のブルジョワ社会においてオペラは新たな担い手のもとで復活した。オペラを喜んで受容したのは新興のブルジョワ、つまり成金の市民層である。そこで愛好されたオペラはもはやかつての宮廷オペラではない。ギリシャ神話や高貴な英雄を褒めたたえる内容のオペラを市民が好むはずもなかった。

一八世紀の宮廷オペラでは、去勢手術によってボーイソプラノを保つカストラートという歌手が大スターとして各地で活躍していたのだが、カストラートは貴族の愛玩の対象でもあった。しかし、ヨーロッパ中に名を轟《とどろ》かせる歌手たちであっても、去勢歌手を市民たちがありがたがることはなかった。カストラートの衰退もまた、宮廷オペラの衰退を物語る。

それでも市民社会においてオペラというコストのかかる文化事業を継続できたのは、以前から商業的なオペラ・ブッファが都市に根付いていたからである。それを土壌として一九世紀には市民社会独自の豪華なオペラが作り上げられた。一九世紀ヨーロッパのオペラの中心地はパリとなる（活躍した作曲家の多くはイタリア人）。一八三〇年代のパリ・オペラ座のグランドオペラはその典型である（グランドオペラとはこの時期のパリ・オペラ座で上演された演目を指す）。オペラ座の改革者ルイ・ヴェロンが掲げたスローガンは「オペラ座をブルジョワのヴェルサイユにしよう」だった。

芸術家ではなく実業家であったヴェロンは、従来は国家事業として赤字を積み上げてきたオペラ座をビジネス基盤の事業に変えた。旧体制の貴族文化に憧れるブルジョワの上昇志向を刺激し、貴族の宮廷のような豪華な娯楽を味わえる場として様々な改革をしたのである。それを象徴するのが「ヴェルサイユ」という言葉であった。かつて貴族が国王の寵愛《ちょうあい》を求めてヴェルサイユに集ったように、一九世紀のブルジョワを引き付ける栄光の場が、オペラ座となったのである。

ナポレオンによる劇場整理の結果、第一級の独占的な権利を持つ劇場という格を与えられたオペラ座は、国家的威信をかけた場でもあり、ブルジョワにとっては支配階層のステイタスという夢ももたらした。そこで上演される演目は、「劇場の格にふさわしいもの」と決められ、全編が歌われ、壮大な歴史ドラマを題材にとった五幕もの、必ずバレエを含み、フランス語による演目といったルールが設けられた。既存の作品をオペラ座にかける場合は、作曲家はこのルールに合うように修正しなければならなかった。豪華なスペクタクルと大勢の演奏者および合唱のパフォーマンスにより、オペラ座は非日常空間を作り上げた。だからこそ特別な場となったのである。このような文脈で生み出されたグランドオペラは、後世からは芸術的価値をあまり認められていないが、一九世紀から現在まで続く豪華絢爛《ごうかけんらん》な「オペラ」なるものの一般的なイメージを確立したのは確かである。

しかしオペラとは、パリ・オペラ座で上演された演目だけを指すのではない。一九世紀はオペラがそれまでになく多様な展開を見せた時代である。上流階級向けの豪華なグランドオペラが作られる一方、イタリア座ではより審美眼のある観客のもとでイタリア・オペラが上演され、やや格下のオペラ・コミック座ではオペラ座にはかけられない「台詞が入る」軽めの演目が上演された。

一九世紀前半のオペラは市民社会の新たな娯楽であり、ロッシーニやドニゼッティといった作曲家が圧倒的人気を誇って活躍した。その名声はヨーロッパ中に知れわたった。量産型のドニゼッティの作曲過程は、楽譜を完成させないままに稽古をしながら舞台上で仕上げていくようなものだったという。ドニゼッティはこの方法を取っていたからこそ次々に新作を生み出せたと言われる。新作が求められるオペラはまさに市民の娯楽の消費財だったのであり、ポピュラーな文化だった。

そうしたオペラの在り方とは異なる芸術志向性を模索したのは、一九世紀半ば頃のヴェルディやヴァーグナーである。彼らがオペラを統一的な芸術作品として成立させる仕組みを発明・実践し始め、特にヴァーグナーの「楽劇」は商業主義的な要素を排した「芸術」としてのオペラの典型を作り上げた。

ヴァーグナーは当時ヨーロッパで人気だったイタリア・オペラを批判した。特に、歌の始まりと終わりが明確にあり、その都度拍手が入るアリア（ナンバー）によってドラマが途切れることを欠点と見なした。イタリア・オペラとは異なる方向性を追求するヴァーグナーの楽劇とは、オーケストラの要素をより重視した総合的な音楽ドラマを構想するための概念である。彼は詩も音楽も舞台演出もすべてが一体となってドラマを作るべきだと考えた。そのために、ナンバーの区切りをなくし、音楽を途切れさせないなど（無限旋律）、ドラマの進行に中断を設けないようにした。観客を物語世界に集中させるための様々な工夫を施したのである。長編の音楽劇を統一的なドラマにしようというヴァーグナーの発想は、一九世紀前半の交響曲理論から影響を受けている。ベートーヴェンの交響曲がそうだったように、楽劇もまた、各部分が有機的に関連しあい、全体に寄与する統一的作品を目指した。ヴァーグナーのこの考え方と実践は、二〇世紀の映画音楽、ミュージカル、ゲーム音楽など、多方面へと影響を与えることになる。

ヴェルディはヴァーグナーの方法とは異なり、むしろ制度面から統一的な作品を成立させた。彼は作曲者としての著作権を楽譜出版社と共同で独占的に所有し、自分の作品の上演を管理した。ヴェルディがこうした行動に出る一九世紀半ばには、以前とは異なり、歌手よりも作曲家の地位が認められるようになっていた。その一因は特にパリで先導された著作権の概念と法整備にある。ヴェルディは法的に、自分のオペラを歌手や現地の事情によって好き勝手に変更することを禁じたのである。そして彼のオペラを上演するためには、楽譜出版社リコルディの許可と使用料の支払いを条件にした。これによって、作曲者は自分が過去に書いた作品から上演ごとに使用料を徴収できたので、ヴェルディは新作を量産する必要がなくなった。入念に楽譜上に完成させた作品をレパートリー（恒常的な演目）化し、継続的に著作者としての収入を得ることができるようになったのである。新作を量産するのが当たり前だったオペラは、このようにして新作と並んで過去の作品も繰り返し上演するジャンルへと変わっていった。

オペレッタの展開

他方で、より多くの観客に喜ばれていた娯楽としてのオペラは相変わらず台詞で物語を進行し、ナンバーの区切りを持ち、その都度拍手喝采でショーストップが起こり、気晴らしの場面を伴っていた。そのような舞台では、現地に合わせた改変は日常的にある。バレエはもともと気晴らしの場面としてオペラに挿入されていたが、新たに生み出された娯楽的なオペレッタでは、もっと大衆に受ける流行のダンス場面が設けられた。ダンス音楽は一九世紀の市民にとって身近に楽しめる人気ジャンルであった。

オペレッタとは、オペラ・ブッファよりもさらに娯楽志向の強い音楽劇である。喜歌劇と訳されることもあるこのジャンルは、オペラ座で上演されないのは言うまでもなく、オペラ・コミック座でも上演できない格下ジャンルと見なされるが、パリの中産階級からは絶大な人気を得た。

オペレッタは、一八五五年に作曲家のオッフェンバック（一八一九－八〇）が公演を打ったパリのブーフ・パリジャンという小さな劇場から始まった。この場所は、格下の音楽劇を上演するための劇場として位置づけられる。オッフェンバックは柿落《こけらおと》し以来ここで小規模な演目を上演し、一八五八年には大ヒット作となったオペレッタ《地獄のオルフェ》を上演した。これはかつての正統な宮廷オペラの題材でよく使われていたギリシャ神話のオルフェオのパロディ作品となっている。オペレッタの中には風刺的要素が多く盛り込まれる一方、女性ダンサーがスカートを持ち上げて脚を見せながら華々しくカンカンを踊るショー的な場面が見せどころだった。シンプルな物語を台詞と歌とオーケストラで綴るオペレッタは、文字通り「小さなオペラ」ではあったが、歌だけではなく、台詞による他愛のない物語とダンスも人々の楽しみの対象となった。その気軽さから、あっという間にヨーロッパ各地で娯楽として受容された。中でも特に重要だったのはウィーンとロンドンである。

オッフェンバックがオペレッタを生み出してから間もなく、ウィーンでもそれを模して独自のオペレッタが作られた。ヨハン・シュトラウス二世（一八二五－九九）による《こうもり》（一八七四年）やフランツ・レハール（一八七〇－一九四八）の《メリー・ウィドウ》（一九〇五年）などは特に人気で、現在もよく上演される。オッフェンバックの作品よりも風刺や機知の要素を後退させ、ロマンチックな要素を物語的にも音楽的にも強めたのがウィーンのオペレッタの特徴である。オペレッタはオペラよりはカジュアルなジャンルと見なされるが、現在の上演機会・場所・歌手・演奏団体・上演言語の点から見ると、クラシック音楽の一部として扱われていると言える。

ウィーンやロンドンには、パリからオペレッタが持ち込まれる以前から、独自の娯楽的な音楽劇ジャンルが育っていた。ウィーンのジングシュピール、ロンドンのバラッド・オペラである。いずれも簡単な歌を含んだ庶民の音楽劇であり、特別な歌の教育も受けていない役者たちが演じるようなものだった。そうした文化的土壌の上に、特に音楽的に洗練されたオペレッタが届いたわけである。

ロンドンは一八七〇～九〇年代に独自のオペレッタを生み出した。有名なのは、ウィリアム・S・ギルバート（一八三六－一九一一）脚本、アーサー・サリヴァン（一八四二－一九〇〇）作曲による《ミカド》（一八八五年）などの作品群である。それらは上演された劇場に因《ちな》んで、サヴォイ・オペラと称された。「オペラ」の名称が付いているが、内容的には芝居要素の強いオペレッタであり、パリやウィーンのものほど音楽的に洗練されているとは言えない。パリとウィーンのオペレッタが現在ではクラシック分野と見なされ、オペラ教育を受けた歌手が歌うのに対して、サヴォイ・オペラはクラシック音楽のレパートリーとして上演されることはほとんどない。それでも現在もイギリス、アメリカでは熱狂的なファンを持っており、しばしば上演されている。

ウィーンでもロンドンでも、パリのオッフェンバックのオペレッタをそのまま輸入したわけではなかった。当地の特色に合わせてアレンジした派生ジャンルを生み出したと言ってよいだろう。つまりローカライズした受容であり、上演言語はもちろん現地語である。オペレッタも、それ以前の商業オペラも、娯楽性の高い音楽劇は、オリジナルの言語ではなく、上演地の言語での翻訳上演が当たり前だった。字幕もまだない時代、そうでなければ観客が集まらないからである。このことは、現在のミュージカル事情とも似通っている。ミュージカルもまた、産地から離れて上演される場合には、一般的に現地語の翻訳上演となる。こうした習慣は、芸術志向の強いオペラが原語で上演されることとは対照的である。芸術的なオペラは、一九世紀半ば以降、上演言語を含めて、あらゆる面でオーセンティシティ（作曲家およびオリジナル版への忠実さ）を追求するようになった。音楽学的にも資料的にも、オリジナルの「あるべき姿」で上演しようとすることが規範となっていくのである。

ウィーン版およびロンドン版オペレッタは一九世紀末にアメリカに渡り、ミュージカルの生成の土壌を作り出すことになる。甘くメランコリックなメロディが魅力のウィーン・オペレッタはウィーン以外の各地で受容されたのに対して、イギリスのオペレッタは音楽よりも風刺に富んだ歌詞によって成功したため、非英語圏には広まらず、アメリカで好まれたのである。

一九世紀のオペラ関係ジャンルの展開を全体として見てみれば、芸術性と娯楽性の二極化を指摘できる。芸術的作品は全体の統一性や一貫性を重視し、娯楽的作品は、断片でも楽しめるように作られる。こうした娯楽性と断片的な場面の消費という要素は、二〇世紀のミュージカルの展開においても注目すべき側面となるのである。

第3章　劇場とポピュラー音楽

楽譜の流通とナンバー

一九世紀には一部のオペラが「芸術」化する一方で、娯楽的なオペラが様々なサブジャンルを生み出した。そうした派生ジャンルが誕生した背景としては第一に、ヨーロッパ市民社会の広がりと都市化が挙げられる。一八世紀から一九世紀に市民革命と産業革命を順次経験するヨーロッパ社会は、混乱を生みながらも近代的な都市文化を発展させていった。それは工場などの労働の場が都市に集中し、農村から多くの労働者が都市に集まり、労働と余暇という生活時間の区分が生まれ、都市ならではの娯楽文化が形成されていく時期であった。財力のある上流のブルジョワ市民層向けには貴族文化を模倣するようなグランドオペラなどの豪華な文化が花開く一方、中流市民、労働者向けには、それぞれ親しみやすい文化が作られていった。オペラの派生ジャンルは緩やかな階層の住み分けを伴いながら、こうした領域に登場し、気軽で大衆的な文化が裾野を広げていった。

採算度外視で成立していたかつての宮廷文化に対して、市民社会の大都市における新たな娯楽は、徹底して市場原理に則《のっと》っている。一七世紀から存在していた商業オペラのように、一九世紀のオペラやコンサートも、採算性に基づいて展開していった。ビジネスとして成り立つためには多くの観客を集めること、そのために幅広い層に受けるものを意識することが求められる。人気を優先するあまり、大衆迎合的で無難な公演になることへの批判は当時も現在でも見られるが、しかし大都市の娯楽文化は大衆にアピールできたからこそ隆盛したのである。

音楽コンサートを見ても、より多くの聴衆を集めるためにはプログラム（曲目構成）を雑多なものにする必要があった。現在のクラシック・コンサートでは、交響曲と協奏曲をメインに置くか、ピアノ独奏のリサイタルにするかというように、ある程度のパターンができており、曲目の選択や配列に統一感を持たせるのが一般的である。しかし一九世紀前半までは、コンサートのプログラムには様々なジャンルや編成の楽曲が混在していた。オーケストラ曲もあれば、オペラからの抜粋のアリア独唱があり、室内楽、ピアノ独奏、重唱、合唱など、多様なジャンルの楽曲の抜粋を寄せ集めてコンサートを開くことが当たり前だった。言わば寄席《よせ》のような形態のコンサートが行われていたのである。それはひとえに様々な好みの聴衆を集め、また来ている聴衆を飽きさせないためでもあった。

長時間にわたる演目は飽きて疲れてしまう——というのはジャンルを問わず現在でも時折見られる観客側の本音である。オペラ好きでなければ、三時間以上の公演を観るのは疲れるだろう。そのような感覚は数百年前のヨーロッパにもあり、知識人層にとってもそれが一般的な感覚であった。パリ・オペラ座という格上の劇場にかかるグランドオペラでさえ、気晴らし場面や目で楽しめるスペクタクルが入っていたのだから、それよりも格式にこだわらなくて済む劇場のポピュラーなジャンルがもっと柔軟に気晴らし場面を取り入れていたのも当然だろう。バレエ場面やワルツ、カンカンなどのダンス場面はそのために取り込まれた。歓声が上がり、客席中が盛り上がる場面である。これらのダンス場面はポピュラーなジャンルにはむしろ必須の要素と言ってよい。

娯楽性を特徴づけるものは、このような場面の独立性・断片性である。つまり、短時間でガラッと雰囲気を変える場面が挿入され、物語進行を一時中断して楽しめるような作りである。カジュアルなオペラであれば、途中に息抜き場面が挿入される形態になるが、もっと娯楽性を求めれば、短く楽しい場面だけで舞台が構成される。つまりショーのタイプである。

演目における一貫性のなさ、バラバラに独立した場面は娯楽性の本質的な特徴である。端的に言えば、頭を使って考える必要がないということである。反対に、芸術を志向するタイプの演目は、オペラであれコンサートであれ、一貫したものを集中して鑑賞すべきという価値観のもとに編成されていく。

演目における断片的場面とは、さらに言い方を変えると作中から「取り出し可能な」場面であり、それゆえに独立性を持っている。たとえばオペラの中で歌われるアリアが人気となり、その歌だけがオペラから離れて街中に広まったり、コンサートなど、他の機会に歌われたりするようなことは頻繁に見られた。アリアは言わば町のヒット曲にもなり、それによってオペラというジャンルの存在感は劇場の外に広まった。一九世紀に生み出されたオペラの派生ジャンルはその娯楽性をさらに強めたものである。そうしたジャンルは、ステージ上で行われていることを言わば「つまみ食い」的に享受するものとなった。

「取り出された」断片はまた、それ自体で別の商業的回路に乗ってポピュラー文化となっていく。人気のオペラ・ナンバーは、一九世紀になると楽譜出版という音楽産業と結びついた。楽譜の印刷技術は一六世紀から存在していたにもかかわらず、その後も楽譜流通の現場は筆写譜が主流であり、印刷譜が商業ベースに乗るのは一九世紀になってからであった。その時期は、フランス革命後の市民社会成立期である。都市には楽譜購入層である市民が多く存在し、市民向けの廉価版アップライト・ピアノが開発・販売された時期と重なっていた。オペラのアリアは、シート・ミュージックという数ページの楽譜となって、従来以上に広く流通

図2　一般的なポピュラーソングのシート・ミュージックの表紙と楽譜

することになる。オペラでオーケストラを伴ってプロの歌手によって歌われたアリアは、ヴォーカルと簡単なピアノ譜へとアレンジされ、一般家庭のアマチュア——いわゆる良家の子女——へと行きわたったのである。オペラ全体は数時間にわたる催しであったのに対して、その中で人気の出たアリアや合唱はピースとして切り取られて商品化されることによって、そのオペラを見たことのない人々の間にも広く知れわたった。

一八〜一九世紀に設立された楽譜出版社として名前がよく挙がるのは、ドイツのブライトコプフ・ウント・ヘルテルやイタリアのリコルディ、イギリスのノヴェッロといった現在までその名が残っている大手だが、一九世紀の楽譜広告を見てみると、中小そして個人の膨大な数の楽譜出版業者を確認することができる。楽譜出版の領域にこれほどの業者が続々と誕生したのは、安価なシート・ミュージックが音楽産業の主軸となっていったからである。音楽史の記述では、有名なコンサート・シリーズや大手出版会社の活動が目立つが、その業界を支える土台として、多くは芸術的価値の認められない使い捨てのシート・ミュージックが無数に存在していた。

このように、楽譜出版は一九世紀の音楽流通産業の中心にあった。ほとんどは軽く短い音楽の楽譜である。交響曲などの大編成の長い楽曲が楽譜として出版されても購入者は限られている。しかし家庭で演奏できる小編成の楽譜であれば、誰もが購入しやすい。シート・ミュージックは、オペラのアリアだけではなく、その他の娯楽的な舞台の人気曲からも作られて販売された。市中に行きわたるポピュラー音楽は当初から劇場との結びつきを持っていたのである。

バラエティ・ショーからレヴューへ

オペラの派生ジャンルの中で、オペレッタは、流行の歌やダンス場面を含む娯楽的なジャンルに位置づけられるのだが、それでもストーリーに沿って作られる音楽劇であった。しかし一九世紀半ば頃には、オペラ関連ジャンルとは別に、断片的な場面からなる娯楽が広まる。

ロンドンでは居酒屋から雑多な寄席のショー（バラエティ・ショー）が発展し、後にミュージック・ホールと呼ばれて人気となった。それがパリに広まる過程で、レストランの一画から始まったカフェ・コンセールという催しと合流した。ミュージック・ホールも、カフェ・コンセールも、大規模な居酒屋のような場から始まった音楽・娯楽ショーである。

これらが、コンサートホールやオペラハウスを拠点とする音楽劇ジャンルと大きく異なるのは、飲食を伴う場に成立したということであり、その点を見ても気楽な娯楽であったことが分かる。都市の娯楽の代表となるミュージック・ホールは実質的にバラエティ・ショーであり、歌やダンス、風刺的寸劇、曲芸、サーカス、動物芸、マジックなどを披露する芸人たちがそれぞれの場面を担当する寄席のような構成で成り立っていた。先に述べたコンサートのプログラムと同様、当時の娯楽は、一晩の催しで様々なパフォーマンスを楽しめる多様性が動員に繋がったのである。

はじめは場所を指す名称だったミュージック・ホールは、パリに渡ってもその英語名が一種のジャンル名となって流行した。特にパリで有名なホールは、フォリー・ベルジェール、カジノ・ド・パリ、ムーラン・ルージュである。そしてこれらのミュージック・ホールの催しは一九世紀末には「レヴュー」として名をはせた。内容はミュージック・ホールとほとんど変わらず、様々な断片的な場面が並べられるというプログラムである。ただし、レヴューは緩やかなテーマで全体をまとめる。統一的なコンセプトを掲げて多様な場面を配列するショーである。

レヴューはパリ、ロンドンだけではなくアメリカにも渡り、一九二〇年代には世界的に流行した。現在もレヴュー・カンパニーとして知られている日本の宝塚歌劇団が一九二七年にレヴューを始めたのも、欧米視察団が大流行していたこの娯楽ジャンルに触発されたためである。

一方アメリカでは、一九世紀から白人が黒人を真似《まね》て顔を黒塗り（ブラックフェイス）にして芸を披露するミンストレル・ショーが流行していた。その他にも寄席のようなバラエティ・ショーはヨーロッパの影響を受ける前からいくつもあった。アメリカではヴォードヴィルやバーレスクと呼ばれる。それらはどれも似た特徴を持ち、断片的な短い場面の寄せ集めによって構成されたものであり、観客の楽しみは主に出演する有名スターにあった。バーレスクはしばしば性的な内容を含み、男性客を主たるターゲットとしていた。それに対してヴォードヴィルはより健全なエンターテインメントを志向し、ファミリー層にアピールするものであった。

ヴォードヴィルをこのようにファミリー向け娯楽に変えたのは、一八六五年にこれをニューヨークに持ち込んだトニー・パスター（一八三七—一九〇八）である。「ヴォードヴィルの父」と言われる彼が、女性や家族層にも楽しめる娯楽として再編したヴォードヴィルを成功させると、次々にそれを模倣するような催しが行われた。このようなショーが都市の娯楽として定着していたところに、新たにヨーロッパからレヴューという名称のショーが加わった。アメリカでのレヴューとして流行の頂点に位置していたのは、ブロードウェイの「ジーグフェルド・フォリーズ」である。これは一九〇七年から一九三一年まで、ほぼ毎年新たに作られたシリーズもので、毎年の時事的な話題を盛り込んだショーだった。このレヴューはフローレンツ・ジーグフェルド・ジュニア（一八六七―一九三二）によって、パリの有名なミュージック・ホールであったフォリー・ベルジェールにならって製作された。

このシリーズは、豪華な舞台上で大勢の美しい女性ダンサーと世界的スターが作り出すショーであった。パリやロンドンで流行っていたレヴューに比べてスペクタクル性の強い豪華な舞台で好評を得ていた。贅沢《ぜいたく》なコスチュームや大羽根を身に着けてただ歩くだけのジーグフェルド・ガールズの人数の多さや最先端のテクノロジーを駆使した舞台装置は、世界の人々に新しい時代の娯楽を印象づけた。一九二〇年代のニューヨークの贅沢《ぜいたく》な娯楽を象徴するような舞台であったと言える。当時の映像を見ても、宝塚歌劇のような大階段、豪華なダチョウの羽、煌《きら》びやかな照明と舞台セットが魅力であったことが分かる。贅沢に使用する照明や大きな階段などのスペクタクルがレヴューの重要な構成要素であった。それは単に歌やダンスという芸によってのみ成り立っていたわけではないのである。

ステージの上にはゴージャスな世界が広がっていた。そこを訪れた当時の日本人たちは、最先端の舞台機構がもたらす場面転換のスピードに目を奪われた。新聞・雑誌上では、海外のレヴューと当時の日本の舞台娯楽であった歌舞伎を比較して、これからの日本の娯楽に求められるのはスピードだという提案もなされた。魅力的なものを次々に見せるショーは、それを可能にする場面転換技術も含めて、時代の新しさを感じさせたのである。ブロードウェイのレヴューでもテーマになるのは、その年に流行したものであった。たとえば飛行機をテーマにしたレヴューもあるように、時代の最先端・流行というキーワードはレヴューに欠かせない。

ヴォードヴィルやレヴューなどのショーを行う劇場が、ポピュラー音楽流通の場として機能していたことは驚くにはあたらない。というのもそうした舞台の主眼は、いかに観衆の目を奪うか、観客の耳に届けるかにあり、つまり常に流行や時事に敏感である必要があったからである。したがって、新しい音楽がそうした舞台で紹介されるのはむしろ当然で、シート・ミュージックを宣伝し販売するのに最適な場所であった。また、まだ経験の少ない若手作曲家にとっても、重要なトレーニングの場となった。彼らはこのような劇場を通してポピュラーソングを広めるだけではなく、後のミュージカル制作にも生かせる経験をここで積んでいたのである。後に有名になるミュージカルの作曲家たちは、駆け出しの頃にこうしたレヴューやヴォードヴィルに関わっていた。

ミュージカル・コメディ

最初のミュージカルとして時折言及されるのは、一八六六年の《黒い悪魔》である。これはブロードウェイで最初にロングランとなったミュージカル・コメディと見なされることもある。そもそもはフランスのバレエ・ダンサーの企画がキャンセルとなったため、別に企画されていた《黒い悪魔》にそのダンサーを使う案をもちかけて実現したものだった。その内容は、ウェーバーの《魔弾の射手《しゃしゅ》》やグノーの《ファウスト》の一部を寄せ集め、オッフェンバック風の音楽と寸劇とバレエ、スペクタクルを含めた演目だったという。

この催しは何度も再演されるほど人気演目となったため、アメリカ最初のミュージック・エンターテインメントだったのは確かだが、これを「ミュージカル・コメディ」と呼ぶにはまだ早いという指摘もある。ミュージカル・コメディの歴史を論じたセシル・スミスとグレン・リットンによれば、緩やかに使われ始めたミュージカル・コメディという名称が一般化したのは一八九〇年代である。それは一八八〇年代からアメリカで人気となってきたオペレッタと区別するための用語として使われ始めた。

呼称としてのミュージカル・コメディは定着しつつあったのだが、公演の内容はコミック・オペラやヴォードヴィルなどのショーと区別するのが難しいほど似通っていた。コーラスがあり、ダンスがあり、カラフルな衣装、寸劇があり、ジョークがあり、歌があり――こうした要素は、フォーマットとして出来上がっていた。雑多な場面を集めたショーに対して、ミュージカル・コメディ、ヴォードヴィル、レヴューなどの呼称が使われた。二〇世紀初頭の新聞広告や劇評などを見ても、これらの表現はかなり互換的に使われていたことが分かる。

そうした前提に立ってここで注目しておきたいのは、いずれにしても初期のミュージカル・コメディとは、一貫したストーリーを持たないショーのようなものが主流であり、そこで使用される音楽は、新曲と割に新しい既存曲によって賄われていたという点である。常にすべてが新しく作られたものではなかったにせよ、そこはやはり「最新の」(あるいは最近の)音楽を宣伝する場として機能していた。

ショーの形態を取る舞台がポピュラーソング流行の重要な宣伝媒体となったことを示す具体例としては、「舞踏会のあとで」という歌が真っ先に挙げられる。これはチャールズ・K・ハリス(一八六七―一九三〇)が一八九二年に発表した曲で、もとはアマチュアのミンストレル・ショーのために作られた。発表当時はヒットしなかったのだが、その後《ア・トリップ・トゥ・チャイナタウン》という人気巡演ショーの再演に取り込まれた時に各地に届けられることになった。その結果、この楽曲のシート・ミュージックは一八九二年だけで二〇〇万部売れ、その後五〇〇万部の売り上げを誇るヒット曲となった。アメリカで最初のミリオンセラーとなった歌として知られている。まだラジオもレコードもない時代、生演奏の場と楽譜が流通のツールであり、その販売部数が人気の指標にもなった。

この曲のように、ある歌が全く別のショーに何度か再利用されることは珍しくない。むしろその使いまわしで楽曲の「露出」が増えることによって、ヒットソングが生み出されていった。このような仕組みはまた、ミュージカル・コメディにも内容に関わらない歌が挿入されていたことを示している。既存のポピュラーソングをミュージカル・コメディに挿入する際、出演するスターがヴォードヴィル出身者の場合は、自分の持ち歌を歌うこともあった。一八世紀の商業オペラに見られたのと同じ現象である。

世界中でヒットしてポピュラー音楽界にもミュージカル・コメディにも大きな影響を与えたアーヴィング・バーリン（一八八八－一九八九）作詞・作曲の「アレキサンダー・ラグタイム・バンド」も、一九一一年に売り出された当初はそれほどの反響はなかった。しかし間もなくヴォードヴィルの女性歌手が自分の舞台で取り入れたのを機に、あっという間に大流行した。これも、その公演自体の文脈とは無関係に既存歌が挿入された例である。

ポピュラーソングの楽譜は、店舗でも販売されてはいたが、それだけではなく巡業するバラエティ的なショーによって地理的にさらに広く宣伝され販売されていた。ショーで聴いた歌を好んだ観客がすぐに楽譜を買うという形で売り上げを伸ばしたのである。ハリス自身、ブロードウェイにとどまらず、全米のヴォードヴィル劇場を視野に、多くの歌手にステージで歌ってもらえるよう代金を払って依頼するなど、積極的にプロモーション活動を行った。このような売り出し方は後にアメリカの音楽業界で一般化していく。

ポピュラーソングと劇場のこのような関係から見えてくることは、商業オペラと同様、歌の断片性と独立性という特徴である。ショーやストーリーから「取り出せる」歌は、比較的短い曲として流通しやすい長さとシンプルさを持ち、シートとしての楽譜に収まるフォーマットに合わせた楽曲であった。先に述べたように一九世紀のポピュラー音楽市場においても、短い曲が安いシート・ミュージックとして大量に販売された。一九世紀に出来上がっていたこのようなポピュラーソングの流通形態を、二〇世紀アメリカのヴォードヴィルやミュージカル・コメディも備えていたということである。

ヴォードヴィルやショーはオペラほど格式高いジャンルではないのはもちろん、オペレッタよりも気軽だった。ショー自体がまさしく商業性重視の興行であり、その「入れ物」の中にソングを挿入したりそこから取り出したりすることは、楽曲を広く売るという点でマーケティング上効果的な手段であった。

このように、実質的にはショーのようなミュージカルの中に取り出し可能な歌が入っていることは何ら不思議なことではない。そして必ずしも一貫した物語に沿って上演される類《たぐい》のものではない以上、「突然歌いだす」ことの違和感は、この段階では起こりにくい。それは、そもそも独立性の高い歌やダンスが次々に披露される場だったからである。初期のミュージカル・コメディは、多くの場合ショーやレヴューのようなものであったために、場面ごとにスタイルの異なる歌やダンスが始まるのは当然のことだった。言わば、常に「突然歌ってい た」のである。

ティン・パン・アレーの音楽産業

最新のポピュラー音楽と劇場を結び付けていたのは、ニューヨークという街自体でもある。一八八〇年代中頃からマンハッタンの一角に音楽出版社が集まる区域ができあがり、それは後にティン・パン・アレー（Tin Pan Alley）と呼ばれるようになった。ここからアマチュア向けのピアノと声楽のための楽譜であるシート・ミュージックが大量生産されるようになったのである。

その名称の起源には諸説あるが、イアン・ウィットコムは、ジャーナリストがニューヨーク・ヘラルド紙に地域の音楽出版業の記事を掲載して、そのタイトルに「ティン・パン・アレー」という語を使用したことを紹介し、音楽出版社の窓からアップライト・ピアノで作曲途中の様々な曲を弾く音が金属鍋を叩《たた》いているように感じられたのだろうと述べている。ここで流行歌曲が次々に生み出された。

やがてこの呼称はエリアを指すだけではなく、ここから世に出されるポピュラー音楽の様式を指すようにもなった。同じような曲が量産されることから、少なくとも一九二〇年代初頭まで、新聞に使用されるこの語はネガティヴな意味をまとっていた。歌の工場、クラシック音楽からの剽窃《ひょうせつ》、ソングライターの能力のなさ、聴衆を操作する音——というようなイメージと共に語られたのである。

そうはいっても、初期ジャズの多くの曲をメインストリームにしたほか、多くの有名作曲家が輩出し、数々のスタンダード・ナンバーを生み出したのも事実である。ティン・パン・アレーはブロードウェイ、ヴォードヴィル、ハリウッド映画だけではなく、レヴュー、バラエティ・ショー、ミュージカル・コメディと関係していたにもかかわらず、その功績がこれまで見落とされてきたのは、当初のネガティヴなイメージのせいかもしれない。しかし近年では再評価しようとする動きも出てきた。様々な評価がありつつも、このポピュラー音楽の中心地は劇場街と共にあり、その近代的音楽産業が歌を供給することで劇場を支えていたのである。

ポピュラーソングと呼ばれるものは一九世紀からあったのだが、それとティン・パン・アレーのあり方との違いは、一九世紀末の大都市化に関わっている。一九世紀のアメリカは人口一〇万人以上の都市はわずかで、小規模な都市が各地に点在していた。一九世紀半ばのアメリカでは、そうした地方都市でポピュラーソングのシート・ミュージックが売られ、家庭、教会、学校やコミュニティの集まりで歌われていた。そこに届けられる「最新の」音楽は、先に述べたハリスの「舞踏会のあとで」のように、地方巡演するヴォードヴィル公演や各地のショップ経由で売られていたのである。

そうした娯楽音楽のあり方が変化したのは、一九世紀後半に人口が集中する大都市が形成され始めてからである。そこは大勢の人々が密集して居住する場であり、娯楽ショーは固定の場所で興行を行うことができた。もちろんアメリカ各地に巡演する公演はあったが、ニューヨークなどの大都市は娯楽を発信する中心地としての役割を固めつつあった。大都市で展開されたのは、従来の通りヴォードヴィルとバーレスクなどのショーであった。このように定着したショー劇場がポピュラー音楽の重要な消費および宣伝の拠点として機能していたのである。

アメリカのポピュラーソング作曲者として一般的に有名なのは、一九世紀のスティーヴン・フォスター（一八二六－六四）であろう。そのポピュラーソングもまたミンストレル・

ショー用に作られるなど、舞台との密接な関係を持っていた。しかしその当時のポピュラーソングの供給はまだ産業として体系化されてはいなかった。ティン・パン・アレーが生み出す音楽は、工業製品のようにフォーマットに従った楽曲が合理的分業に基づいて量産されていたという点で、それ以前の形態とは大きく異なるのである。

一九一〇年代にこのエリアでは東欧出身のユダヤ系移民が作曲家・作詞家・出版社経営者として活躍していた。関連業種がここに集中することによってポピュラー音楽業界は一大産業として成長し、楽曲生産過程や権利関係をシステマティックに統括できたわけである。

ソングライターとソングプラガー

ティン・パン・アレーによるポピュラー音楽の供給は、「舞踏会のあとで」から始まったとされるが、この楽曲が引き起こした社会現象が持つ意味は単に最初のミリオンセラーという位置づけにはとどまらない。実は作者ハリスは楽譜を読むことも書くこともできず、音楽の教育を受けたこともなかった。その彼が一曲の大ヒットによって大成功するというドリームを体現したのである。彼が思いついてハミングで口ずさんだメロディは音楽知識のある者によって楽譜に書き留められ、ヴォーカルとピアノ伴奏用にアレンジされ、シート・ミュージックとして売られた。このような歌の言わば〝製造〟が、以後続くティン・パン・アレーの流れを方向づけた。

ハリスが後のティン・パン・アレーの起源とされるのは、マーケティング・モデルを確立したからである。後に彼は自身の出版社を立ち上げている。彼と同様の知名度を誇ったハリー・フォン・ティルザー（一八七二－一九四六）もまた、音楽出版社を設立した。二人とも、多くの楽曲を売るために出版社を立ち上げて、販売活動を行った。最も効果のある販売促進方法は、先に紹介したように、有名な歌手にヴォードヴィル劇場で歌ってもらうことであった。一九世紀からシート・ミュージックの出版広告は、タイトルと作曲者や編成といった簡単な情報として新聞や雑誌に常に掲載されていたが（楽譜表紙の華やかなイラストも重要だった）、実際のサウンドを宣伝するには劇場で取り上げてもらうか、あるいはレストランや百貨店など、人が集まる場で実演をするしかなかった。そのために、ハリス自身が行ったように、各劇場を自身で歩き回り、自分の歌をショーで歌ってもらえるように依頼したのである。代わりに金銭を渡すだけではなく、自分の名前を共作者として楽譜に載せてほしいという歌手の要求に従うこともあった。

ハリスはその後二冊の本を出版した。そのうち最初のものは『ポピュラーソングの書き方』（一九〇六）で、いわゆるヒットソングを書くためのハウトゥ本である。同種の本は一九〇〇年頃から出版され始めており、一九三〇年代までに、ブロードウェイでは五〇冊以上出版された。つまり、シンプルな一曲あるいは数曲のヒットを出すことが、有名になって金持ちになるという一攫千金《いっかくせんきん》の夢をかなえる方法だと思われていたということである。このような形で歌をヒットさせることは、専門的な音楽教育を受けていない素人にも参入を積極的に促した。

当時は「一本指作曲家」などという言葉も誕生した。指一本で鍵盤を叩くことしかできない人物が、専門知識と技能を持つ音楽家に記譜とアレンジをしてもらってヒットソングを作り出すのを風刺した言葉であろう。歌を売り出すことは、音楽の才能や教育の有無に関わるものではなく、運が良ければ儲《もう》かる安易な行為のように見なされていた。実際、音楽的な質とは無関係に、爆発的に売れることもあった。ハウトゥ本では、オリジナリティを出すよりも定型に沿ってポピュラーソングを書くことが推奨され、むしろ新しいことはしない方がよいというアドバイスも見られた。

「こうして書けば売れる」という本が出るほどまでに、ティン・パン・アレーは魅力的な場となっていたのである。ハリスに限らず、音楽的知識をほとんど持たない人も多かった。それにもかかわらず、定型的なポピュラーソングを大量に供給することができたのは、音楽出版社がその製作から販売までをコントロールするシステムを確立させていたからである。

このような組織的な供給体制の下では、楽曲のヒットの利益は作者個人にそのまま返ってくるとは限らなかった。ここで歌を作っていた人々は作曲家（コンポーザー）というより、ソングライターと呼ばれていた。作った楽曲も著作権は会社に属する。作曲者名が出ないこともあり、歌の生産は個人の創造的な活動というよりは製品であった。ソングライターはその中の労働者だったのだ。タイトルやアレンジ、販売方法なども会社が管理し、「売れる」商品が次々に作られた。中には音楽的素養を持ち、後に名を成す作曲家もいたが、彼らもまた、若い駆け出しの頃は出版社に所属していた。

ティン・パン・アレーの労働者の中には、作曲とは別に、楽曲の販売促進を担当する者がおり、彼らはソングプラガーと呼ばれた。その役割は、楽譜に興味を持った客にピアノで実演してみせることである。後に有名作曲家になるソングライターも、はじめはこうしたソングプラガーとして音楽出版社に雇用されることがあった。ジョージ・ガーシュウィン（一八九八－一九三七）やジェローム・カーン（一八八五－一九四五）もキャリアをそこから開始している。

このような営業担当のソングプラガーは、ヴォードヴィル・ショーやダンスホールなどの舞台で楽曲を取り上げてもらえるよう働きかけるだけではなく、観客の一部に、歌が終わった直後にコーラス部分（サビ）を自発的に歌って反復するよう依頼した。その役割はプラントと呼ばれたが、こうしたものは一九世紀のパリ・オペラ座でもよく使われていた。客席を盛り上げて、公演を成功させるためのある種の演出である。多くの商業劇場で使われる方法で、言わばサクラを仕込むようなものと言ってよいだろう。ティン・パン・アレーの楽曲は、有名歌手に歌ってもらい、さらに、観客からの好評を印象づけることによって、組織的に楽譜の販売数を伸ばしていた。

ティン・パン・アレーで売れるソングライターともなれば、出版社との関係も変化していった。作者として名前を出すことができるようになり、ブロードウェイのミュージカルなどのショーや、さらにはハリウッド映画の音楽担当者にもなれたのである。そうした作曲家の中には、先に名前を挙げたバーリン、ガーシュウィン、カーンの他に、コール・ポーター（一八九一－一九六四）、リチャード・ロジャース（一九〇二－七九）らがいる。彼らはポピュラーソングの作者として著名であると同時に、ミュージカル作曲家としてもよく知られた面々である。

彼らのヒットソングはもともとミュージカル用に書かれたものも多い。それらの楽曲がショーを離れてヒットした後に、様々な有名歌手がカバーすることで改めて広く流通し、スタンダード・ナンバーとなっていった。挙げればきりがないが、たとえばバーリンの「ショウほど素敵な商売はない」という歌は一九四六年のミュージカル《アニーよ銃をとれ》の楽曲であり、ガーシュウィンの「アイ・ガット・リズム」は一九三〇年のミュージカル《ガール・クレイジー》、ポーターの「ナイト・アンド・デイ」は一九三二年のミュージカル《陽気な離婚》から発している。ティン・パン・アレーとブロードウェイとは相互に協力関係にあった。切り離せないこの二つの領域が、二〇世紀前半のポピュラー音楽の主たる発信源であった。

ラジオ・レコードと音楽市場

一九二〇年代には、音楽業界にとって大きな変化が起きる。一つはレコード産業の成立である。実際には一九五〇年頃まではポピュラー音楽の主たる媒体はシート・ミュージックであり続けるものの、徐々にレコードが確実な存在感を見せるようになる。

レコードはティン・パン・アレーの楽曲のさらなる規格化を促した。シート・ミュージックの形を取ること自体がすでに一つのフォーマット化だったと言えるが、それでも楽譜上では同じ旋律の箇所に一番の歌詞、二番の歌詞というように行を加えて楽曲を長くすることができた。その典型はヴァース部分とコーラス部分（現在のＪ－ＰＯＰの用語で言えばＡメロ部分とサビ部分）を持ち、ヴァース部分は同じ旋律で歌詞を変えていき、コーラス部分はリフレインとして繰り返されるという形態であった。ヴァース部分は物語のように、回を重ねるごとに話が進むのである。

一九世紀末は三ヴァース以上を持つ歌が多かったのに対し、一九二〇年代の歌は二ヴァースが一般的になり、さらに導入部にあたるヴァースが省略されるようになった。ポピュラーソングのこうしたスリム化が二〇年代に起こった理由は、78回転レコードディスク（初期のレコードであるSP盤）に合わせる必要性である。レコードに収まるような四分以下の歌が規格として広まっていったのである。楽曲構造としてはAABA形式を取る短い歌を書けることがティン・パン・アレーに求められるスキルとして定着していった。こうした規格化が、似たような楽曲の大量生産を可能にした。また、曲調も基本的には一九世紀から好まれたセンチメンタル・バラッドが特徴で、流行に応じてラグタイムやジャズの要素が入ることがあっても、この特徴は維持された。

レコードが徐々に出回ることによって、ヒット・チャートはレコード売り上げによってはかられることになる。欧米の音楽雑誌やラジオ放送などで、一九四〇年代から「トップ20」のような企画がいくつも始まったが、それはポピュラー音楽の人気を表す指標が、シート・ミュージックからレコードに移ったことを示してもいる。

音楽流通媒体の主体が楽譜からレコードに変化したことは、楽曲の質にも影響を与えることとなった。二〇世紀初頭にアメリカで普及したシート・ミュージックは、ピアノとヴォーカルのためのシンプルな楽譜であり、中産階級の家族が身内で演奏を楽しむものであった。

つまりアマチュア向けの音楽である。その楽譜を売るために、プロのソングプラガーが実演していたのである。他方レコードは、プロが演奏した楽曲をアマチュアが聴くものである。それに伴ってポピュラー音楽界では、アマチュアが演奏するのに適した楽曲から、プロならではの演奏を聴ける楽曲への変化が生じた。楽曲の質は必然的に上がり、ジャズの演奏はヴィルトゥオーゾ的なテクニックを聴かせるものとなる。

また一九二〇年代以降のマイクの発達によって、より繊細なニュアンスの歌唱表現ができるようになり、歌い方の幅も広がることで、歌唱自体のスキルも変化した。家庭でのポピュラー音楽受容は、身近な人々と演奏し合うものから、プロのテクニックや表現を「聴く」ものへと変わっていったのである。

これに伴う業界内の変化については音楽社会学者のジョン・シェパードが解説している。アメリカではちょうど一九二〇年頃までに音楽著作権の法体系が整いつつあった。一九〇九年の著作権法では音楽が演奏される場合のロイヤルティ（使用料）を出版社と作曲家に支払うことが義務化されたのだが、各地の飲食店や劇場に出向いて徴収するのは事実上不可能であったため、その法律の実効性はまだ薄かった。その後一九一四年にはティン・パン・アレーの出版社とカーンやバーリンといった作曲家たちが、米国作曲家作詞家出版社協会（American Society of Composers, Authors and Publishers, ASCAP）を立ち上げ、一九二一年からはこの組織を通して著作権使用料を徴収できるようになった。レコードという複製メディアの出現は現場の音楽家の仕事を奪いかねないという懸念もあったが、著作権料に関しては、様々な会場で行われる生演奏の場よりも、レコード録音にロイヤルティを課す方が徴収しやすかったため、ティン・パン・アレーの楽譜出版社とレコード産業はそれなりにうまくやっていくことができた。楽譜出版社は自社の所有する音楽をレコード録音する際に収入を得ることができたのである。一方ヴォードヴィル劇場は、楽曲をレコード録音したスター歌手を舞台に生出演させることで、ライヴ演奏の価値を保持し、観客を引きとめた。

このように、レコードという新しいテクノロジーに対してはどうにか対応できたものの、ほぼ同時期に登場したラジオは音楽産業界とショービジネス界により重大な影響を与えた。一九二二年はラジオ・ブームの年で、この新しいメディアはライバルのレコードにとっても脅威となった。一九二九年には、大恐慌の影響もあってレコードの売り上げは減少に転じた。一方ラジオはレコードよりも音質が良かったこともあり、その人気は勢いづいた。ラジオ・ブームはジャズの普及にも寄与し、レコードよりも流通範囲を広めることに役立った。そしてまたラジオは、ヴォードヴィル劇場にも打撃を与えた。一流のプロが演奏する音楽がラジオの電波に乗って家に届き、聴き手に直接的にアピールできるようになったため、必ずしも一流音楽家を集められるわけではない生演奏の場は求心力を失ったのである。レコードとラジオの普及は、劇場に限らず、生演奏で生計を立てていたミュージシャンを追い詰めることとなった。

激動の一九二〇年代には、この状況に加えて映画界が関わってくる。この時期に無声映画＋音楽という形態からトーキーへと移行し始めたハリウッドは、映画用の新しい音楽を必要とした。最初の長編トーキー映画と言われる一九二七年の『ジャズ・シンガー』には、バーリンの既存曲「ブルー・スカイ」（一九二六年）が使われた。劇場よりも安価な娯楽産業として成長しつつあったハリウッド映画界はその財力で、ティン・パン・アレーの出版社の多くを買収した。音楽使用料のコストを抑えて映画を製作するのに、ティン・パン・アレーとブロードウェイの音楽を所有する出版社が映画会社に取り込まれたのである。そして人材を確保するだけではなく、ワーナー・ブラザースはカーン、ロジャース、ガーシュウィン、ポーターらの歌の著作権を獲得した。また大手スタジオはＡＳＣＡＰの理事会に入り込んで楽曲使用に影響力を及ぼした。

ハリウッドでは多くのミュージカル映画も製作されたが、既存楽曲の権利と新作を創作する人材を得たために、洗練された楽曲が生み出された。しかしドラマとしては、それらの歌を配置するために作った物語の内容は薄く、キャラクターもリアルな人間像を描くというより紋切型《もんきりがた》のものばかりであった。ハリウッドの作品は手軽で容易に大衆にアピールできるものであり、それはつまりティン・パン・アレーがそれまで大衆向けに大量生産してきた音楽を映画の世界に置き換えたようなものだった。

こうした映画は安価であるがゆえにヴォードヴィル劇場の意義を失わせ、人々は映画館に行くか、家でラジオを聴くことによってエンタメを享受するようになっていた。それに伴ってヴォードヴィルやレヴューの劇場は映画館に改築されていった。この時期のヒットソングの多くはミュージカル映画から出てきている。そして映画の歌の宣伝にはラジオが活用され、新しいメディア業界はそれぞれに互恵的な関係にあったと言える。

ティン・パン・アレーの楽曲を管理するASCAPとラジオ業界に軋《きし》みが生じたのは一九四〇年代である。大量のヒット曲を擁する強気のASCAPは、ラジオ放送の楽曲使用料を倍増しようとした。それに対してラジオ放送局はASCAPの曲をラジオに流さないというボイコットを行って対抗した。そのうえでASCAPが管理していない音楽、たとえば黒人向けの音楽やラテンの音楽の権利を管理する組織として放送音楽協会（Broadcast Music Incorporated, BMI）を設立し、ラジオでそれらの音楽を流すようになった。

ASCAPとBMIの住み分けは、音楽ジャンルの勢力図変更にも直結していた。アメリカのポピュラー音楽業界に存在した人種によるジャンル分けについては大和田《おおわだ》俊之《としゆき》が『アメリカ音楽史』で詳しく説明している。アメリカの音楽界は白人向けの市場と黒人向けの市場とに分断され、後者はレイス・ミュージックという名称でカテゴライズされていた。ASCAPが管理していたティン・パン・アレー系の音楽は主として白人を対象とした音楽だった。

ボイコット期間の予期せぬ効果は、それまでは白人向けの音楽に占拠されていたラジオに、黒人向けあるいは他のジャンルの音楽が流れるようになったことである。つまり人々はティン・パン・アレー以外のポピュラー音楽を自然に聴く環境を得たことになる。白人向けの音楽が新しいメジャーなメディアであるTVに移行しつつあった事情とも重なり、ラジオではマイノリティの音楽が勢力を伸ばすこととなった。そうしたメディアを通じた音楽受容によって、徐々に人種とは無関係に音楽の好みが形成されていった。音楽分類に付された「レイス」という語は一九四〇年代後半以降、メディアの中でリズム&ブルースという呼称に変更される。

このようにして、四〇年代のアメリカの音楽界には、都市の白人向けのポピュラー音楽と並んで、南部の白人系のカントリー&ウェスタンの音楽と、黒人系のリズム&ブルースの音楽が併存するようになった。そうした状況の中から、複数の領域をミックスしたような新しいジャンルが登場してくる。一九五〇年代のロックンロールである。この新しいポピュラー音楽ジャンルもまた、ミュージカル界に多大な影響を与えることになる。

ミュージカルの録音

一方、ハリウッドに移った作曲家の何人かは数年後にブロードウェイに回帰した。以前からティン・パン・アレーはブロードウェイのミュージカル・コメディにも歌を提供していたが、徐々に劇場では短い歌よりも質の高い楽曲が必要とされるようになった。それは物語の中に埋め込まれた歌とそれを繋ぐ背景音楽である。そうした舞台音楽を提供したのは、クラシック音楽の高度な音楽的知識――オーケストラを使ってオペレッタを書ける力量を持つ作曲家たちであった。

ブロードウェイ・ミュージカルの音楽は台本との関係を重視するようになり、ディレクター、演者らによる手直しを経て完成させるものが出てきた。それはもはや工業製品のように生み出されるポピュラー音楽ではない。ミュージカルには、断片的なソングの羅列ではなく、ストーリー、キャラクター、場面のための音楽など、ドラマに寄与する音楽が求められるようになった。

一九四〇年代のブロードウェイでは、次章で述べるように、物語の展開と歌がより緊密に絡み合った作品が生み出された。ミュージカルは商業的な興行であり娯楽ではあったものの、ラジオや映画ほどには大衆向けではなかった。この時期のミュージカル界の音楽は、断続的ではあるが、手法をより洗練させていった過程として観察することができる。それを物語るような現象が、同じく新しいメディアであったレコードとの関係に見られる。

ラジオとレコードが広く活用されるようになるにつれて、音楽市場は劇場とは別の場で発展することとなったが、レコードと劇場は無縁であったわけではない。一九四八年にＬＰ（ロング・プレイング）レコードが導入されるまでは、四分程度しか録音できなかったにもかかわらず、78回転盤でもミュージカル・ショーのナンバーが以前から録音されていた。その始まりは一九世紀末から確認できる。当初はショーの中の一曲または数曲を録音しただけだったが、時折、ショーから十数曲の歌をオリジナル・キャストで録音して数枚セットで売り出された例もあった。

ブロードウェイ・ミュージカルのオリジナル・キャスト・レコーディングで初めて商業的成功を収めたのは一九四三年の《オクラホマ！》であった。この当時はまだ78回転のレコード六枚セットという形でのリリースではあったが、ミュージカルの全編を音源として残そうとしたのである。「オリジナル・キャスト」による録音とは、文字通り、舞台に出演したキャストとオーケストラ、指揮者を含むメンバーによる音源であり、舞台のサウンドをなるべくそのまま再現しようとしたレコードである。《オクラホマ！》のレコードがヒットした一因も、こうした製作意識が受け入れられたことにあると言えよう。このヒットを受けてコロムビアやデッカなどのレコード会社は舞台のレコード化に意欲を見せ、レコード化の権利と引き換えにミュージカル製作に投資するような例も出てきた。こうした動きとも連動して、舞台のほとんどのナンバーをレコーディングする傾向が強まった。それを決定づけたのが、LPレコードであった。表裏で約四〇分もの長い時間録音できるフォーマットだったからである。

LPフォーマットはほどなく音楽レコード市場を支配するとともに、成熟したリスナー向けの音楽を提供するものと考えられるようになった。それに対して、短いSPフォーマットで提供される音楽はロックンロールも含めて若者（子供）向けと見なされることにもなった。録音時間が異なる二つのフォーマットが音楽業界の嗜好《しこう》の分離を推し進める一因となったのである。

レコード会社のLP部門では、クラシック、ジャズ、ポピュラーソング集といったカテゴリーが形成されたが、そこにミュージカルのオリジナル・キャスト・レコーディングが一部門として加わった。ミュージカルの録音は、他にもスタジオ・レコーディングと呼ばれているものがある。これはレコード会社が独自に、舞台とは別ものとして製作したもので、キャストもレコード会社によって録音のために集められた。つまりその舞台で演じていない歌手や俳優による録音である。いずれにしても、一九五〇年代にはミュージカルのLPレコードが続々とリリースされた。

その後人気を博したミュージカルのレコードには、《南太平洋》（一九四九年ブロードウェイ初演、一九六六年日本初演）が挙げられる。このレコードは一九四九から一九五一年までヒットを続けた。ほかに《マイ・フェア・レディ》（一九五六年ブロードウェイ初演、一九六三年日本初演）、《ウェスト・サイド・ストーリー》（一九五七年ブロードウェイ初演、一九六四年日本初演）、《サウンド・オブ・ミュージック》（一九五九年ブロードウェイ初演、一九六五年日本初演）も成功を収めたレコードである。もちろんこれらは公演としても成功した作品であり、日本でもしばしば再演され、よく知られている。

このような形で、ブロードウェイの劇場と新しい音楽市場を繋ぐ回路が確立されたかに見えたが、五〇年代以降、この二つの業界には溝ができ始めていた。劇音楽を書くにしても、単独のソングを書くにしても、ブロードウェイの作曲家たちは軒並み高齢化していた。ミュージカルで成功していたソングライターたちも五〇～六〇代である。若者が好む最先端の音楽市場から見ると、もはや時代遅れに聞こえた。ブロードウェイの作曲家たちの居場所は徐々に狭められていったのである。ミュージカルの作曲家として数々の名作を生み出してきたロジャースもその一人だった。彼は、それまで自分が作ってきたものとは違う音楽が求められていることを痛感していた。ブロードウェイで成功していた作曲家でさえ、劇場の音楽とは別の論理でますます発展するポピュラー音楽市場の変化と無縁ではいられなかった。

そうした傾向を決定づけたのはロックンロールの登場である。ティン・パン・アレーのソングライターやミュージカルの作曲家がこぞってこのジャンルを「音楽ではなく騒音だ」と退ける一方、この新しいジャンルは音楽市場で勢いを増した。それはジャンルや嗜好のズレであると同時に、世代間のズレでもあった。第二次世界大戦後のポピュラー音楽消費の主役は一〇代の若者になっていたのである。このロックンロールとその後のロックの登場は、ポピュラー音楽の長期的変化をもたらすことになる。

第4章　ブロードウェイ・ミュージカルの確立

アメリカン・オペレッタの流行

前章でも触れたように、初期のミュージカル・コメディは実質的に、歌やスケッチ、バレエなどのダンス場面から成るバラエティ・ショーのようなものであった。現在からすれば複数のジャンル要素が混在しているように見えるが、当時はまだ諸ジャンルの境界が不明瞭で、混在させているという意識すら起こらなかっただろう。二〇世紀初頭にはそのようなミュージカル・コメディと並んで、内容の区別も曖昧なままに、レヴューのような断片的場面を集めた華やかなショーがブロードウェイで隆盛し、そして同時にヨーロッパ由来のオペレッタをアメリカ流に仕立てたアメリカン・オペレッタが人気を博していた。

アメリカでは、一九世紀末からウィーン・オペレッタとイギリスのオペレッタ（サヴォイ・オペラ）が都市の人気舞台ジャンルとなっていた。特に一九〇七年にフランツ・レハールの《メリー・ウィドウ》が上演された時にはその人気が最高潮に達した。これは架空の国の上流社会で展開される男女の他愛のないすれ違いを美しく甘い旋律で歌い綴る、ヨーロッパでも大人気のウィーン・オペレッタである。アメリカでもその人気は絶大で、シート・ミュージックはもちろんのこと、登場人物の帽子やタバコ、コルセット、カクテルに至るまで、さまざまなグッズが売り出されるほどだった。

ウィーン・オペレッタはフランスものより風刺色が薄く、恋物語と甘いメロディが特徴となっていたが、アメリカ版オペレッタもまたそれを踏襲していた。アメリカのオペレッタも、ロマンチックなワルツや行進曲を使って、甘い恋物語やシンデレラ・ストーリーを架空のヨーロッパの上流社会を舞台に緩く描くものが多かった。そしてそれらの演目は徐々にミュージカル・コメディに近づいていく。たとえば後に重要なミュージカル作曲家となるジェローム・カーンの《サリー》(一九二〇年ブロードウェイ初演)というヒット作はミュージカル・コメディと銘打っていたが、内容的にも、音楽的にも、オペレッタと言って差し支えないものだった。

《メリー・ウィドウ》が一大ブームを巻き起こす一〇年以上前からアメリカン・オペレッタは書かれており、オペレッタ作曲家も登場していた。その背景にはブロードウェイで活躍する劇音楽の作曲家たちがヨーロッパ出身の移民であったことも、大いに関わっている。

アメリカにおけるオペレッタ第一世代の代表的な作曲家たちとしては、ヴィクター・ハーバート（一八五九－一九二四）、ルドルフ・フリムル（一八七九－一九七二）、シグマンド・ロンバーグ（一八八七－一九五一）が挙げられるが、彼らは皆、出身地であるヨーロッパの軽めの音楽スタイルをアメリカに持ち込んだのである。「軽めの」というのは、交響曲や本格的なオペラや室内楽という「芸術音楽」として確立していたクラシック音楽のジャンルに比して、容易で気楽に楽しめる娯楽音楽ということである。一九世紀のヨーロッパにおいては、高尚な芸術音楽やクラシック音楽と呼ばれる音楽と、ポピュラー音楽と呼ばれるようになる娯楽ジャンルが明確に分化していった。

オペレッタとは、本来ポピュラーな娯楽文化の側にあったのだが、ブロードウェイでは「オペレッタを書ける作曲家」は、ヨーロッパで正統な音楽教育を受けた音楽家であった。ティン・パン・アレーで活躍したソングライターの中には、楽譜が読めない・書けないなど、音楽教育を受けていない作曲家も珍しくはなかったことを考えれば、アメリカン・オペレッタの作曲家たちは音楽界のエリートである。

無害なストーリーで古き良き時代を表象するオペレッタは、その内容も音楽も、オペラをさらに甘くしたようなものであり、ヨーロッパと同様にアメリカでも、中産階級を主な観客としていた。それは当時のヨーロッパへの漠然とした憧れを表現し、異国趣味の現実逃避的な内容を持ち、予想を裏切らないハッピーエンドゆえに安心してファミリーで観られるジャンルとして受容された。

それに対して同時期に流行っていたレヴューは、前章で述べたように、その時代の最先端の音楽やダンス、テクノロジーを取り込むなど、都会的で先進的だった。そもそもジャンルとしての規則や様式が明確には存在しないために、実験的試みやタブーへの挑戦が可能だったのである。もちろんその多くは高い芸術意識によるものではなく、商品としてのおもしろさを狙ったものであっただろう。しかしそこから様々な新しい表現の可能性が拓《ひら》かれるのも、大衆文化ならではである。ラグタイムやジャズといった新しいサウンドも、レヴューやミュージカル・コメディといったジャンルに積極的に取り入れられた。

予定調和なユートピアを描くオペレッタと、新しい流行や技術を取り入れるレヴューやヴォードヴィルは、相互に影響を与えながらジャンルの境界も不明瞭なまま、緩やかに「ミュージカル・コメディ」として展開していく。一九二〇年代は、保守的なオペレッタとますます豪華絢爛になるレヴュー、ミュージカル・コメディに、映画という大衆的娯楽が加わった時代であった。

このように一九世紀末から一九二〇年代の間にアメリカのショービジネスには、ミンストレル・ショーから繋がるバラエティ・ショーやヴォードヴィル、ミュージック・ホールやレヴューといったショーの系統と、ヨーロッパ由来のお伽噺《とぎばなし》的な物語を持つオペレッタとアメリカ産のミュージカル・コメディなどが定着し始めていた。それは後の「ミュージカル」成立のための重要な土壌が作られた時期だったと言える。そしてこの時期、業界横断的に活躍していた人々は、あるジャンルで学んだことを別のジャンルにすぐさま採用しアレンジしていくのである。ニューヨークのレヴューとして世界的に有名だったジーグフェルド・フォリーズにはバーリンやカーンも楽曲提供をしていたが、彼らはまたミュージカル・コメディも作曲した。

ショーと物語の接近

ミュージカルの音楽的特徴を詳細に論じているジョゼフ・スウェインは、一九二〇年代の音楽劇の中でも、ミュージカル・コメディとオペレッタの二つを主な領域として挙げている。そしてどちらもアメリカ人観客に対しては説得力のあるドラマを提供できなかったという共通の欠陥を指摘している。彼の言うミュージカル・コメディはヴォードヴィルやバーレスクといったショーに近いタイプを指しており、一貫性のある物語を持つものではない。一方オペレッタは本来的にヨーロッパのジャンルであって、一貫した物語と音楽的統合を備えてはいるものの、その内容が異国のお伽噺であったために、アメリカの観客にとってリアリティを追体験できるものではなかった。

《マイ・フェア・レディ》の作詞者であるアラン・ジェイ・ラーナー（一九一八－八六）もまた、ミュージカルの歴史を業界の当事者として回顧する中で、ミュージカル・コメディとオペレッタをスウェインと同様に捉えている。論者によって多少異なるが、全般的にミュージカル・コメディは、緩やかなストーリーを持つとしても、スターのための歌やダンスが軸となるショー形式のものを指し、一貫した物語が軸になるタイプのミュージカルは、徐々にミュージカル・プレイとしてカテゴリー化されてゆく。

一九一〇年代の同時期にブロードウェイで活躍していた人物に、ジョージ・M・コーハン（一八七八－一九四二）とジェローム・カーンがいる。彼らはこの二つの系統を代表するような作曲家であった。コーハンはティン・パン・アレー発のポピュラーソングを舞台経由で数多く世に出し、それらの楽曲を含めたミュージカル・コメディをヒットさせていた。その活躍は、伝記的映画『ヤンキー・ドゥードゥル・ダンディ』（一九四二年）の描写からある程度窺《うかが》うことができる。

彼自身はヴォードヴィル芸人一家に生まれ、地方巡業の中でショーに関わるノウハウを実践的に学び、ミュージカル・コメディを生み出すようになった。その演目の制作過程では、まずちょっとした着想からヒットしそうなメロディで歌を先に作り、その詞に合う文脈を描く場面を作って緩やかなドラマにする。公演を通して観客に受けた歌は街中に広がり、誰もが歌えるほどにヒットした。売れるための要素としてしばしばアメリカ国旗など、愛国心にアピールすることも多く、特に彼の「オーヴァー・ゼア」（一九一七年）という歌は戦時期に熱狂的に愛好された。この作品に限らず、彼のショーには、農場、娘たち、愛など、アメリカの田舎《いなか》の情景が織り込まれていた。だからこそ広く人気を得たのだが、他方で「国旗」を売りにしたドタバタ劇だと批評されることも少なくなかった。

とはいえ大衆的に圧倒的人気を得たコーハンの舞台は、当時のミュージカル・コメディの特徴を体現していた。アメリカ社会の身近な題材をテーマとして、歌いやすいソングを軸に、ヴォードヴィル出身者ならではのダンスなど、華やかなショー要素を加えている。ブロードウェイでの彼の最初のヒット作《リトル・ジョニー・ジョーンズ》（一九〇四年）には、競馬ジョッキーと観客たちのソロ＋合唱、台詞の挿入、競馬レースの合唱＋ソロ、そして実況のようなナンバーなどが含まれる。

そこでは緩やかながらもストーリーが敷かれていた。つまり何らかの一貫した筋を求める萌芽《ほうが》が見られた。まだ多くのミュージカル・コメディにはそうした意識がなかった時期である。コーハンのミュージカル・コメディには、物語性を持つ歌や、歌の中に語りのような部分を盛り込むことも多くあり、後のミュージカルに通じる表現をすでに試みていたことに気づかされる。ヴォードヴィルのような寄席のショーでは、歌もダンスも基本的には独立したナンバーであった。これは初期のミュージカル・コメディも同様である。つまり場面が変わるごとに、突然歌い、突然踊り、突然話すものだったのである。その中から徐々に物語性、あるいは物語に沿って歌を並べるという方法が出てくるのである。

断片的場面を集めるショー的なミュージカルにストーリーが入り込んできたのには、オペレッタの影響があると言われる。逆にカーンは、楽曲的には明らかにオペレッタを踏襲しているが、その中にも、独立したナンバーを置くなどしてヴォードヴィルの手法を使っていた。ヴォードヴィル出身のコーハンと、ヨーロッパのオペレッタの知識を持つカーンのように、作曲家たちは、様々なジャンルの影響を受けつつ、実際に領域横断的な仕事をしていたことが分かる。

カーンは一九一〇年前後には一〇〇曲にもおよぶ歌を作曲したが、それらは三〇ものミュージカルやレヴューに挿入されて使用された。前章で述べたように、ティン・パン・アレー出身の多くの有名ソングライターたちもまた、様々なショーに歌を提供していた。バーリンやポーター、ガーシュウィン、ロジャースらの作曲家たちはミュージカル作家という以上に、不朽のスタンダード・ナンバーの「作曲者」として名をはせた。それはつまり、当時のミュージカル・コメディが歌の作曲者を軸として製作されていたということでもある。

そうしたショー的なミュージカル・コメディに一貫した物語の筋を導入したのは、カーンであった。その試みは後にミュージカル《ショウ・ボート》（一九二七年ブロードウェイ初演、一九八六年日本初演）で結実することになる。いくつかの小規模なミュージカルを創作する中で、カーンは「歌は単なる添え物であってはならず、物語の筋と人物描写に関わるものでなければならない」と考えるようになった。彼がショー的なミュージカル・コメディとは異なる方向性を探っていたことが窺える。

カーンが作曲したミュージカル楽曲には、弦楽器を主とした甘いメロディのオペレッタ的な響きが感じられる。このような音楽様式は、カーンだけではなく、後のブロードウェイ・ミュージカルの黄金期を形成する作曲家たちにも採用されている。物語を持つミュージカル、後のミュージカル・プレイは、かなり長期的にヨーロッパおよびアメリカのオペレッタから影響を受け続けていたことが、その音楽様式からも分かるのである。

しかし前述のスウェインは、オペレッタの知識や経験がストーリーをもたらしたとはいえ、アメリカ人観客にとってのリアリティを提供していたのはミュージカル・コメディの方だと指摘する。コーハンの例を見ても分かる通り、アメリカの同時代的な経験や感情を共有できる題材と新しい音楽が求められたのである。ミュージカル・コメディの物語は同時代か近い過去のアメリカ社会を舞台にしている。さらにそこにラグタイムやジャズといった新しい流行音楽を入れることで、より身近に感じさせ、広く関心を集めるジャンルとなっていったのである。

《ショウ・ボート》――ドラマとしてのミュージカル

先に挙げた《マイ・フェア・レディ》の作詞者ラーナーは一九二〇年代のミュージカル界を、「歌とダンスとコメディのスターの時代」だったと振り返る。作家も作詞作曲家も、大スターのために創作をした。フレッド&アデル・アステア、マリリン・ミラーらの大スターたちである。当時は作家よりも出演するスターの方が興行上重要だった。レヴューにおけるスター主義と同様、大スターの名前で公演の動員をはかる商業的戦略なのである。そしてその興行はその場限りで終わるのではなく、大スターが歌ったヒットソングがその後の商品として残った。こうした構造も、ブロードウェイとティン・パン・アレーの協同が支えた。ショービジネスは、広範囲に流布し、かつ長く残るヒットソングによって支えられたのである。そうした状況の中ではミュージカル・コメディ自体にストーリー性があったとしても、ヒットソングを超えるような存在意義を持ちえなかった。

しかし一九二七年に画期的な演目が登場する。ブロードウェイで初めて本格的な「物語」を軸に作られた《ショウ・ボート》である。これはミシシッピ川沿いの各地で巡演を行う劇場船を舞台に登場人物たちの人生をミュージカルで綴ったものであった。華やかな劇中ショーを含みつつも、その内容はコメディタッチの軽いものではなく、人種問題を含むシリアスな人間模様と人生を描いている。つまり現実のアメリカ社会の一面を扱ったもので、享楽的でハッピーなミュージカル・コメディとは一線を画す。異国のロマンスを主題とすることの多かったヨーロッパ的オペレッタに対して、アメリカ的主題、アメリカ的音楽（ジャズや黒人霊歌の要素）を持つこの作品は、それゆえにアメリカに根を張るミュージカルの原型と見なされたのである。

図3 《ショウ・ボート》のシート・ミュージックの表紙

この作品がブロードウェイ・ミュージカルの初期典型例と見なされる理由は、単に題材の地域性にあるのではない。ミュージカルというジャンルの作劇法として重要だったのは、ストーリーを持つだけではなく、物語と音楽が有機的に結びつき、それゆえに「統合」を意識する契機となったことである。ミュージカルが一貫した物語を持ち始めた中で、それを明確に音楽表現と結びつけた例は《ショウ・ボート》が初めてであった。この手法もまた、オペレッタの音楽様式からの影響抜きには考えられないだろう。

《ショウ・ボート》の作曲者カーンがオペレッタの知識と経験を持ち、物語を持つミュージカルを志向していたことはすでに述べたが、作詞を担当したオスカー・ハマースタイン二世（一八九五－一九六〇）もまた、その後のミュージカルを方向づけた点で鍵となる人物である。彼は祖父も父も劇場と興行に関わる演劇界ファミリーの中で育ったものの、両親の意向で法律を学ぶためにコロンビア大学に入った。しかしショービジネスへの意欲を持っていたハマースタインは大学のカレッジ・ショーに関わり始めた。それは演劇界を目指す多くの人が歩んだ道であり、当時のコロンビア大学にはリチャード・ロジャース、ロレンツ・ハート（一八九五－一九四三）、アーサー・シュワルツ（一九〇〇－八四）、ハワード・ディーツ（一八九六－一九八三）といった、後にミュージカルで活躍する人々が在籍していた。

大学時代から創作活動を始めたハマースタインは一九二〇年代からいくつかのミュージカルを書き始めていた。一方、カーンは一九二六年にエドナ・ファーバーの小説『ショウ・ボート』を読み、これをミュージカル化しようと考えた。現在ではオペラでもミュージカルでも、原作をもとにした翻案が創作されるのは当たり前になっているが、当時は原作の物語をそのままミュージカルにするという発想がほとんどなかった。ミュージカル・コメディにはそのような長いストーリーは求められていなかったし、他方、ストーリーを持つアメリカ版オペレッタはシリアスな物語を扱わなかった。ドラマを備えたミュージカルへの意欲を持っていたカーンは、オスカー・ハマースタイン二世と組むことによって、初めてしっかりした台本を持つ音楽劇を実現したのである。

スウェインは《ショウ・ボート》の楽曲分析をするに当たって、まず冒頭のナンバーの「長さ」に見られるドラマ性を指摘している。というのも、ミュージカル・コメディにおいてはそもそも長いナンバー自体が珍しいものであった。ティン・パン・アレーと結びついた歌のナンバーはその流通の利便性からしても、数分で終わるものがほとんどだったからである。

長いナンバーを作るには、昔ながらのヴァースとコーラスを延々繰り返す方法（一番、二番、三番と同じ旋律を続ける方法）もあるが、それ以外には、いくつかの音楽セクションを連ねるという方法がある。《ショウ・ボート》が新しく採用したのは後者の方法だった。冒頭のナンバーは、劇場船コットン・ブラッサム号が到着した場面で、船上の芸人たちがショーの一部を披露して宣伝し、着岸した町の人々が集まって楽しみにする様子を描く。その明るい歌やダンスに満ちたナンバーの中で、五人の主要なキャラクターの紹介があり、軸となるロマンスと、後の波乱を予感させるいくつかの対立を示唆し、その世界に存在する規範や道徳性も浮かび上がらせるというドラマ上の機能を果たす。いわば冒頭で、これから始まる物語の設定条件を一度に提示するわけである。

このナンバーだけではなく、《ショウ・ボート》の音楽は、いくつかの音楽要素を場面間で関連づけ、またそのモチーフをアレンジして再登場させるなどして、音楽自体にストーリーを持たせている。劇中ショーではヴォードヴィル的要素もあり、使用される音楽はオペレッタ的な甘いメロディもあれば、ジャズやブルースの楽曲も含む。船で下働きをする黒人のジョーが差別への諦観を歌う「オール・マン・リヴァー」という有名なナンバーは、物語の進行からは独立しているものの、このドラマ全体を包含する主題歌のように中心的役割を果たしている。この歌の特別な位置づけを除いて、《ショウ・ボート》全体に見出される音楽劇的手法はヴァーグナーのライトモチーフから着想を得ている。それはいくつかの断片的旋律が人物や出来事に関連づけられ、それを想起するために物語の随所に織り込まれるというものである。

他方で商業的には、手軽に取り出せるナンバーをヒットさせる方法は相変わらず重要だった。《ショウ・ボート》でもいくつかのナンバーがシート・ミュージックとして流通した。そうした断片性を備えながらも、《ショウ・ボート》がミュージカルの新境地を拓いたというのに、以後、音楽上の関連モチーフを盛り込んだミュージカルはあまり見られなくなった。この種のミュージカルはオペラ的手法を援用しており、それなりの作曲の技量を必要とするため、簡単に模倣できるものではなかった。音楽的要素を関連づけたナンバーを配する手法のミュージカルは、一九七〇年代になってようやく再び注目されることになる。

《ショウ・ボート》において本格的に物語の筋に沿ってナンバーが配置されたことは、物語の筋を重視すれば必然的な対処であったとも言える。そこでの歌は、独立した存在ではなく、前後の台詞との関連性の中で聴かれ、解釈される。しかしまさに歌に物語上の役割が与えられたことによって、台詞の流れから「突然歌いだす」という現象が生じることになる。この作品を機に、一部のミュージカルには台本（ブック）をベースにする意識が芽生え、それが一六年後の《オクラホマ！》に連なっていく。そしてそこで改めて、ナンバーと物語の自然な繫がりが注目されるのである。

レヴューやアメリカ版オペレッタが隆盛を極めた一九二〇年代をピークに、ブロードウェイの勢いがやや衰えを見せるのは、一九二九年に始まる大恐慌のせいでもある。その影響がすぐさま現れたというわけではないにせよ、新作の本数や新しい試みを実践する公演は目立たなくなった。また、二〇年代のオペレッタのように夢物語を楽しむ余裕はなくなり、大恐慌時代のミュージカル・コメディの内容は、社会や政治に対する風刺色を強める傾向が見られた。この間のブロードウェイの様子を、ラーナーは当事者として振り返っている。

彼の見方によれば、三〇年代後半のブロードウェイには昔ながらのオペレッタ、レヴュー、ヴォードヴィル、ミュージカル・コメディ、そして物語を持つミュージカルが並行して上演されていた。つまり、画期的だった《ショウ・ボート》公演後、一貫したストーリーや台本を重視する意識が芽生えてその影響力を後続作品に与える一方、ブロードウェイのすべての作品が一様にそのベクトルに向いたわけではなかったのである。二〇年代ほどの勢いは失ったにしても、従来のジャンルや様式は生き残り続け、新作も作られ続けていた。有名作曲家やスターが登板しても必ずしも成功するわけではなかったし、ヒット作が出たからといってその様式が支配的になるわけでもなかった。中にはハリウッドに拠点を移す者もおり、そこからまたブロードウェイに戻ってくる者もいた。

《オクラホマ!》――物語とナンバーの統合

そうした中、再びブロードウェイ・ミュージカルに新たな活気を与える出来事は一九四〇年代に起こった。一九三一年に上演された演劇『ライラックは緑に茂る』をミュージカル化する話が、リチャード・ロジャースとハマースタイン二世に持ち掛けられた。その企画は《遠くへ行こう》というタイトルで、一九四三年のニューヘヴン初演に繋がった。それはたちまち評判を呼び、一週間後にはボストンで上演されることとなった。その際に二人は第二幕に「オクラホマ」というナンバーを追加し、作品名を《オクラホマ!》(一九四三年ブロードウェイ初演、一九六七年日本初演）に変更して興行を続けた。カウボーイと農家の娘との恋愛のすれ違いと登場人物たちの内面をオクラホマの地域性と共に描いたアメリカ的な物語である。批評家からの評判もよく、すぐに「歌、ダンス、物語が見事に溶け合っている」と賞賛を浴びた。

それは《ショウ・ボート》で提示された新たなミュージカルの形態を結晶化させたものであり、この頃から「ミュージカル・プレイ」の呼称を与えられる作品が出現してくる。明確な定義というよりは習慣的な分類ではあるが、レヴュー的なショーでもあったミュージカル・コメディに比べて、ミュージカル・プレイとは、台本に基づいて一貫したストーリーを台詞と歌とダンスで綴るものを指す。ブロードウェイ・ミュージカルの黄金期はしばしば一九四〇年代～六〇年代と言われるが、その時代の幕を開けた作品が《オクラホマ！》である。そしてこれが「統合ミュージカル」の理想と見なされることになる。

図4　《オクラホマ！》のシート・ミュージックの表紙

スウェインは、この作品の音楽的統合を説明し、特にナンバーの配列と相互の関係に注目している。ナンバー間の関連づけの多くは、たとえば既出ナンバーの旋律を再利用し（リプライズ）、またその旋律をアレンジして別の意味を与えるといった方法で行われる。リプライズ自体は特に新しい方法ではなかった。しかし《オクラホマ！》の特徴は、一つのナンバーが一度終わったところで台詞による対話が始まり、その後すぐにナンバーの続きのように聞こえるリプライズを登場させることである。このように頻繁なリプライズは、物語全体の場面ごとの関連性をより強く印象づけることに繋がり、それによって一貫した物語が音楽によって紡がれるのである。

もう一つスウェインが言及するのは、この頻繁なリプライズによる歌と台詞の緊密な統合である。「飾りのついた四輪馬車」のナンバーを取ってみても、基本的には主役のカウボーイであるカーリーがソロで歌うナンバーでありながら、歌の途中に恋人のローリーや彼女の叔母《おば》との対話が入り、また曲調を変えて共に歌う部分も入る。一つのナンバーが独立した歌として定型的に完結するのではなく、台詞を挟みながら切れ目なく柔軟に変形していく。こうした形式による歌は、一人のキャラクターが単独で歌うナンバーとはまた異なる劇的効果を発揮する。単調な会話ではなく、独立した歌でもなく、歌と音楽と共にドラマが前進するのである。確かにこのナンバーの最初の歌い出しは、台詞から突然歌になるような印象を受けるのだが、それにしてもこうした「長い」ナンバーは、独立性を弱め、歌と台詞の境目を曖昧にして繋いだ。ティン・パン・アレーの定型的な短いソングとは根本的に異なる歌がドラマを導くのである。

《オクラホマ！》は物語の筋と歌・ダンスのナンバーを一つに統合する形態を実現し、それがブロードウェイ・ミュージカルのモデルと見なされるようになった。ロジャース＆ハマースタイン二世の次の成功作《回転木馬》（一九四五年ブロードウェイ初演、一九六九年日本初演）はこの方向性をより洗練された形で実践したものである。この作品は「もしもあなたを愛したら」「人生一人ではない」「六月は一斉に花開く」などの人気ナンバーを含みながら、当時の批評では「音楽と真のドラマが結びついた作品であり、しかもすぐれたエンターテインメント」と好評を得た。つまり、取り出して楽しめるナンバーを持ちながらも、物語とナンバーが結びついたドラマであると評価されたのである。

スウェインはそこで用いられている手法はさらにオペラ的になったと述べている。たとえばオーケストラが奏でる音楽に乗せて台詞による対話が歌われるような形を取り、オペラで言うレチタティーヴォを想起させるためである。頻繁にリプライズを使用する《オクラホマ！》が旋律を何度も回帰させるのに比べて、《回転木馬》ではむしろ歌が流れるように先に進行する。歌のナンバーの中には「パルランド」の部分がある。これは語るように歌うという意味で、スウェインはそれを「疑似レチタティーヴォ」と呼ぶ。「取り出し可能な」ナンバーとは反対に、形式感を持たない語りのようなナンバーは、それだけキャラクターの心情を描写することができる。《回転木馬》はミュージカルの中でも、かなりオペレッタ、それ以上にオペラに近い音楽で作られているドラマである。

レチタティーヴォ的技法は、確かにキャラクターの心情を丁寧に表現する。しかしその音楽は一度聴いて耳に残るようなメロディではないために、多用するにはリスクもある。一般的な観客からの熱狂は期待できないからである。興行としての人気を得るためには、観客が観終わった後にメロディを口ずさめるような、定型的なソングのナンバーの方が適している。

黄金期——多様な形態の併存

この時期にも、レヴューの形態のショーや、形式にこだわらないミュージカルなど、様々なタイプの作品が生み出された。《アニーよ銃をとれ》(一九四六年ブロードウェイ初演、一九六四年日本初演)は、バーリン作曲で、大スターのエセル・マーマンを起用したミュージカル・コメディの成功作である。その一方、一九四〇年代半ばになってもまだ、オペレッタ風の作品が生み出されていた。ハーバート作曲による美しい音楽を持つオペレッタ的作品がヒットしていたように、昔ながらの台本と音楽スタイルによる作品はまだ衰退したわけではなかった。

《オクラホマ!》後にも、ブロードウェイのショーは、古いタイプも新しいタイプも含めて様々なジャンルの新作が溢《あふ》れていたというのに、《オクラホマ!》や《回転木馬》に「これぞアメリカ・ミュージカル」というものを見出して強調していたのは、主にシアター・ギルドを中心とする劇場界・批評界であった。この団体はそもそも一九一九年に結成された時から、芸術性の高い演劇を推進しようとする目的をもっていた。三〇年代になるとそのラディカルさは薄まったにせよ、単なる商業演劇に対しては否定的な目を向け続けていた。《オクラホマ!》と《回転木馬》を持ち掛けたのもこの団体である。

そのギルドの要請を受けてアラン・ジェイ・ラーナーとフレデリック・ロウ(一九〇一―八八)はミュージカル・プレイの名にふさわしい《ブリガドーン》(一九四七年ブロードウェイ初演、一九七四年日本初演)という新作を生み出し、現代社会からは離れたファンタジーものではあったものの、批評界からも観客からも好評を得た。たとえばニューヨーク・タイムズは「この舞台を見ていると、音楽とダンスがどこで終わったのか、美しいオーケストラ演奏に導かれる物語がどこで始まったのかわからない」と評価した。歌やダンスのナンバーの始めと終わり、つまりナンバーとして独立させる契機が不明瞭な形式が評価されたのである。それはミュージカル・コメディのように取り出し可能なヒットソングを並べた娯楽的作品ではなく、物語の進行に沿ってナンバーが埋め込まれるタイプの作品だったのである。

一九四〇年代後半の注目すべき作品はコール・ポーター作詞作曲による《キス・ミー・ケイト》（一九四八年ブロードウェイ初演、一九六六年日本初演）である。この時期のポーターはやや時代遅れの作曲家と見なされ始めていたが、ここで自身の最高傑作を発表した。ラーナーはシェイクスピアの戯曲『じゃじゃ馬ならし』の翻案であるこの作品の意義を、真のミュージカル・コメディでありながらも、台本がしっかりしていることに見出した。その後には《南太平洋》が、オスカー・ハマースタイン二世とジョシュア・ローガン（一九〇八－八八）によって作られた。これもまた「ミュージカル・プレイ」と見なされる作品である。

これらの台本に基づいたミュージカル・プレイ作品群とは別に、ミュージカル・コメディのタイプも勢いを保っていた。最高傑作の一つに挙げられる《コール・ミー・マダム》（一九五〇年ブロードウェイ初演）は、再びバーリン作曲によるエセル・マーマンのための作品であった。つまりスターありきで、物語重視の「ミュージカル・プレイ」とは異なる。この作品では特に「ユーアー・ジャスト・イン・ラヴ」というデュエット場面が見どころであり、公演のたびにこのナンバーが終わると熱狂的な拍手で四、五回ものアンコールが求められたという。ナンバー直後の拍手喝采とアンコールはその場面をショーのように享受するわけで、物語の進行を一時的に止めることになる。上演最中のアンコールは、物語を軸に創作されたミュージカル・プレイにはほとんどなく、ミュージカル・コメディに特有のものであった。

この習慣の違いを見ても、二つのジャンルの方向性の違いがよく分かる。

同年にはフランク・レッサー（一九一〇－六九）作詞作曲の《ガイズ・アンド・ドールズ》（一九五〇年ブロードウェイ初演、一九八四年日本初演）が評判となった。この作品は、人気演目で音楽も好評でありながら、その中のナンバーがいわゆるスタンダード・ナンバーとして流布するほどのヒット曲にはならなかったという点で興味深い。それは作曲者があくまで物語内にとどまる音楽を目指したためだと、ラーナーは指摘している。つまり、ポピュラーソングとして独立して流行することを目論むのではなく、物語に埋め込まれたナンバーがちりばめられていたということである。それは以前のミュージカル・コメディのように、作中のヒットソングで興行を支えてきた作り方とは異なるものであった。

五〇年代は《ガイズ・アンド・ドールズ》と《王様と私》（一九五一年ブロードウェイ初演、一九六五年日本初演）という二つのヒット作で始まることによってブロードウェイが勢いづけられた。この時期には、ミュージカル・コメディよりミュージカル・プレイの方に質の高い作品が見られた。これらの作品群が「黄金時代」とされる根拠でもあろう。

また一九五九年には再びロジャース＆ハマースタインによって《サウンド・オブ・ミュージック》（一九五九年ブロードウェイ初演、一九六五年日本初演）が生み出された。現在でも人気のこの作品は、何よりもまず音楽が絶賛された。しかし批評家の間では、アメリカのミュージカルが（ヨーロッパ由来の）オペレッタに屈しているとも言われた。実際、この作品の音楽は全体として昔ながらのオペレッタの響きそのものである。当時の批評の中には、ドラマの展開が盛り上がる箇所で歌詞も音楽も甘い曲にすり替わってしまうことを嘆く声もあったが、ドラマが心地よい音楽に転化するのも、オペレッタによく見られたパターンである。評価は高かったものの、この作品は「観客向けのショー」と見なされ、当時の知的な演劇的刺激を求める批評界にはそれほど受けなかった。ここで述べたような音楽とドラマの対立関係は、一九七〇年代以降のミュージカル界で再び目に見えるものとなる。

一九五〇年代のブロードウェイ批評界からも偉業と評されたのは、一九五六年の《マイ・フェア・レディ》と一九五七年の《ウェスト・サイド・ストーリー》である。この二つは従来のミュージカルとは異なる新しい局面を拓いたことでも評価されている。

《マイ・フェア・レディ》はジョージ・バーナード・ショーの元の戯曲『ピグマリオン』が持つ機知と知性を損なうことなく、台本を重視したミュージカルを実現した。作詞者ラーナー自身が、ヒギンズ教授役のレックス・ハリソンの台詞のような歌い方に合わせて楽曲を作ったことを紹介している。この作品はミュージカルの最高傑作と評され、ロジャース＆ハマースタインによって確立されたミュージカル・ジャンルを引き継ぐ新たな記念碑だと見なされた。つまり《オクラホマ！》に始まるブロードウェイ・ミュージカルの一つの頂点として象徴的な地位を与えられたのである。

一方、《ウェスト・サイド・ストーリー》を作曲したレナード・バーンスタイン（一九一八－九〇）は、言うまでもなくクラシック音楽界の大物指揮者である。彼は一九五六年にヴォルテール原作の《キャンディード》（二〇〇一年日本初演）を発表した。そのスタイルは、オペラからミュージカル・コメディまで様々なものを含んでいたが、一部の高度な歌唱技術を要するアリア、頻繁な場面転換と多様な音楽様式により、全体的な様式の統一性を欠いていると評された。この作品は一九七三年にスティーヴン・ソンドハイム（一九三〇－二〇二一）が新たに歌詞を付け、ハロルド・プリンスの演出によって再演されて好評を得ている。

そして一九五七年には不朽の名作となる《ウェスト・サイド・ストーリー》が上演された。ソンドハイムの作詞という点でも有名な作品である。シェイクスピアの『ロミオとジュリエット』の翻案と現代アメリカにおける移民という身近なテーマ、ダイナミックなダンス場面と、バーンスタインによるクオリティの高い多様な音楽は、批評家も観客も含め、多くの人の心を捉えた。

一九五〇年代以降、専門家の間で評価が高かったのはミュージカル・プレイのタイプではあったが、それでもミュージカル・コメディ、オペレッタ、レヴューといった従来型の作品も相変わらず上演されており、成功作も失敗作も含めて、ブロードウェイのショービジネスは様々なタイプが共存する形でミュージカルの「黄金時代」を盛り上げた。一つの方向だけにまとまらないほど多様な展開があったからこそ業界全体に勢いがあったとも言えるだろう。ブロードウェイ・ミュージカルの古典的名作となっている作品は四〇年代から六〇年代にかけて次々に生み出された。それらが現在でも広く知られているという事実に鑑《かんが》みても、この時期のブロードウェイ・ミュージカルの一つの輝かしい頂点を知ることができる。

しかし一九六〇年代の世界のエンターテインメント界は大きな変化を迎えていた。若者たちの対抗的な社会運動と共に、ビートルズの世界的なヒット、ロック、ギター、ヒッピーなどの文化が広まった時期である。その影響はブロードウェイではまだ目立っていなかった――数々のスタンダード・ナンバーなど、ポピュラー音楽を生み出す源泉でもあったブロードウェイが、世界的なポピュラー音楽文化の影響を「まだ」受けていなかったというわけである。そしてその頃、黄金期として隆盛を極めていたミュージカルの勢いは衰え始めていた。

「統合」の理念

ここまで「黄金期」とされる時期のミュージカルのおおまかな流れを、ジャンルの観点から見てきたが、はじめに述べたように、本書の狙いはブロードウェイで上演されたミュージカルの全体像を提示するものではない。むしろその中でミュージカルがどのような方向に進もうとしていたのか、言葉と音楽についてどのような美学を採用していたのかを探るものである。

一九世紀末から一九二〇年代に隆盛していたオペレッタあるいはミュージカル・コメディから新たに確立されたブロードウェイのミュージカルは、第一にテーマと設定をリアルなアメリカ社会に置いたことを特徴とする。これは同時期の台詞劇におけるリアリズムの影響でもあった。日比野啓《ひびのけい》が『アメリカン・ミュージカルとその時代』で詳しく分析しているように、現代のアメリカを舞台にした凡庸なキャラクターの日常の出来事を扱う物語は、人物の細やかな気持ちの変化や人間関係のちょっとしたすれ違いにフォーカスしたドラマになる。日常の些細《ささい》な出来事の中にドラマを見ると言った方がよいかもしれない。歴史的な事件や社会変動といった派手な展開のない物語の中では、ミクロな人間関係の展開が主たる関心事になる。それは観客の側にも些細な言動の意味を読み取らせるような能動性を求めるドラマである。その点でもこの時期のブロードウェイ・ミュージカルはしっかりした台本に基づく台詞劇と同等のもの——つまりヴォードヴィルのように感覚で楽しむ単なる娯楽ではないもの——を目指したということだろう。演劇界と批評界の中には、商業演劇であるミュージカルを、その場限りの気晴らしの消費財ではなく、知的な舞台ジャンルとして再定義しようとする動きが現れた。

黄金期のミュージカルに対して知的な目を向ける傾向は、一つのキーワードによって象徴される。それは「統合」である。日比野によれば、この概念はその時代に注目されただけではなく、後の時代から振り返って見た時の黄金期にも向けられたものだという。それはまた、後述する一九八〇年代以降のメガ・ミュージカル隆盛期にも、その肥大化した商業主義を批判的に見るための準拠点として再注目された。四〇～六〇年代のミュージカルを、商業性よりも質の高いものとして捉えなおすためである。「ブロードウェイ・ミュージカル」についての議論の中では実際、四〇～六〇年代の作品を理想的なものと見なす立場は珍しくはない。その質を保証するものが統合という理念だと言ってよいだろう。

「統合」のそもそもの発端は、まさに黄金期の起点と見なされている《オクラホマ！》の台本・歌詞を担当したオスカー・ハマースタイン二世が「うまく統合されたミュージカル・プレイ」という表現を使ったことにある。作者自身が「統合する」ことを意識して制作したミュージカルが《オクラホマ！》だったのである。彼はそれまでのミュージカル・コメディの特徴を問題視した。その特徴とは、物語の筋が唐突な歌やダンスによって中断されること、しかも物語の展開にはほとんど無関係なナンバーがドラマの流れを止めてしまうことであった。「うまく統合された」とは、言葉と音楽とダンスが内容的に一体となっていることを念頭に置いたものである。

そして単なる理想論としてだけではなく、その実例である《オクラホマ！》と《回転木馬》が統合の理念を補強した。それによって「統合」はミュージカル創作の規範のように見なされていったのである。ただし、劇場界全体がこの方向にまとまって進んだわけではない。前述のように、従来のタイプも生き残り続けたが、それでもこの理念は一つの目指すべき規範として――特に批評界を背景に――影響力を保った。

もっとも、この統合概念は、そもそもハマースタインの使い方からして輪郭のはっきりしたものではなく、様々な意味を内包させた語であったことが確認されている。創作原理として語られることもあれば、職業倫理として語られもする。たとえば、統合の達成のために創作チームが連携することの重要性を説くなど、ハマースタインは創作に関わる人々のあるべき態度をも視野に入れていたのである。

その後「統合」の理念は批評家や研究者によって様々に解釈されていった。現在よく知られているのは音楽劇研究者であるジェフリー・ブロックによる整理である。彼はミュージカルにおける統合の特徴を以下の五つにまとめた。

- 物語の筋を進める歌
- 対話から直接流れる歌

・歌っているキャラクター自身を表現する歌
・筋を進め、歌のドラマ性を高めるダンス
・筋に寄り添い、あるいは筋を補完し、芝居を進めるオーケストラ

ブロックはこのように整理して「統合」に関する理解の道筋を示した。ここには職業倫理的なものは入っておらず、純粋にミュージカルを制作する際の技法に目が向けられている。

要するに統合を達成するためのポイントとは、台詞〜歌〜台詞の移行が滑らかであること、歌やダンスの独立したナンバーは物語の展開の中で配置されること、そしてそこにオーケストラやバンドの音楽（器楽部分）が本質的に関わるということである。

このような創作原理自体は《オクラホマ！》で突然始まったものではない。台本と歌との関連性という意味での統合は、すでにオペレッタに見られた。ヨーロッパ由来のオペレッタが一九世紀からブロードウェイのミュージカルに影響を与えていたのである。ブロックはさらに統合ミュージカルを達成するための音楽的方法として、ベートーヴェンの交響曲語法やヴァーグナーの楽劇にも言及している。このことは実は統合が音楽によって実現されていることを暗に示している。音楽の役割については第6章で改めて検討しよう。

ミュージカルにおいて「統合」が意識されたのは、台本に基づく物語において台詞と歌と

ダンスの関係を正面から考え始めたからであろう。ヴォードヴィルやレヴューの要素を強く持つミュージカル・コメディに対して、ストーリー進行の重要性が唱えられた時に、歌やダンスの扱いが問題となるのは自明である。

物語は通常は——一部の実験的な現代演劇を除いては——一定方向に進むものであり、到達すべきゴールを持つ。物語上の時間軸を辿るストーリー展開に対して、歌やダンスはその流れをストップさせてしまう。それはまさに、一七世紀に誕生したオペラが抱えていた課題であった。ブロードウェイ・ミュージカルの三〇〇年前に、オペラはレチタティーヴォとアリアという歌曲様式を設定することでその課題に取り組んだ。それに対して二〇世紀半ばのブロードウェイは「統合」という概念を掲げたのである。

批評家や作者が何度も述べているように、台詞から歌への移行が自然であることはそのための条件として認識されていた。この問題はヴォードヴィルやミュージカル・コメディのタイプであれば生じない。これらのショー的な要素を含むジャンルはそもそも、場面の切り替えごとに全く異なる歌やダンスが始まるものだからだ。ショーの要素が強かったミュージカルを、自覚的に一貫したドラマとして再規定しようとした時に、付随して「突然歌いだす」問題をどのように解決すべきかという論点が表面化した。それはつまり、作り手たち自身がそこに違和感を持っていたということでもある。

たとえば《オクラホマ!》の舞台監督を務めたルーベン・マムーリアン(一八九七―一九八七)は、それまでのミュージカルの習慣を疑問視していた。それは物語の中で台詞による対話が進んでいるところで、突然一人が立ち上がって舞台前方に歩み出て歌い始めるような慣習である。彼はドラマの中で感情が高ぶった頂点で歌でしか表現できないほどの必然性を伴って歌に入るべきだと考えた。それが彼の考える統合であった。彼は舞台監督として、演者が歌う時の立ち位置の変更などで対処した。舞台の現場ではこうした試みが見られ始めたのである。

ただし、統合が意識された時の「突然歌いだすこと」、すなわち台詞と歌の断絶は、どちらかと言えばドラマの創作原理の次元で意識されたということを強調しておきたい。重視されたのは、主として歌やダンスの「内容」が物語の進行やキャラクターの心情の流れに沿っていることである。つまりミュージカル・コメディのようにストーリー展開に寄与しないナンバーを挿入すべきではないという考え方である。それに対して、現在一般的に言われる「突然歌いだす」とは、歌の内容が物語に関連しているか否かという次元よりも、単純に「台詞」から「歌」に変わる現象そのものに関わっている。台詞と歌の自然な繫がりという問題は、実際にはこの二つの側面を含んでいるのだが、しばしば区別されずにそれぞれの状況ごとに論じられることが多い。ここではまず統合ミュージカルの周囲で起こった議論から、台詞とナンバーの断絶について考察しておこう。

ミュージカル制作において原理のようなものが提唱されたのはこれが初めてだった。それはこのジャンルが一九四〇年代になってようやく美学的に確立してきた証左と捉えてよいだろう。現場での多様な試みが徐々にまとまり、やがてそれが収斂《しゅうれん》して一つの理想として見なされることは、芸術・文芸の歩みの常である。「統合」という概念もまた、同時代のブロードウェイを賑《にぎ》わせ、目指すべき理想から規範へと移行していった。

「統合」の理念が勢力をもっていた一九五〇年代においても、必ずしもそれに賛同しない声はあった。ミュージカルとは本来もっとシンプルなものだったはずだという立場である。彼らは劇場界が「ミュージカルをミュージカル以上のもの」にしようとしていることに苦言を呈した。ブロードウェイの業界も一枚岩ではなかったのである。ポピュラーな文化がジャンルとして確立していく中で「芸術」化しようとする動きは過去にもあった。一九世紀前半までは富裕層の贅沢な娯楽であったオペラがヴァーグナーやヴェルディによって「芸術」として独自の歩みを辿ったのも、単なる娯楽からの脱却を目指してのことだった。とりわけ、ヴァーグナーが目指したのは、ドラマと音楽が融合して一体となる総合芸術である。一九世紀の欧米の音楽界は、高尚な芸術と取るに足らない娯楽とを分化させていった。第2章で見たように、芸術を志向する側は作品としての統一性を規範とし、他方商業的娯楽は断片化の傾向を強めた。それと似た形で、二〇世紀半ばのブロードウェイは個々の要素を「統一」することに価値を置いたと考えられる。

ミュージカルが作品としての「統合」を理想として、物語・台詞・歌などの要素をすべて関連づける方向を目指すと、それは必然的に既存ジャンルであるオペラに近似することになる。「統合ミュージカル」に否定的な見方をしていた批評家たちは、まさにミュージカルが「オペラ化」することに懸念を示していた。ミュージカル論の中では、全編が歌で台詞のないミュージカルを「オペラ的」と表現することも多いが、オペラ史側から見れば、全編が歌であることはオペラの要件ではない。この時期のミュージカルがオペラに近づいたとすれば、それは黄金期のブロードウェイの劇場界に「統合」に向かわせた芸術志向性が一九世紀のオペラの展開と類似しているということだろう。

二〇世紀半ばの約二〇年間を「黄金期」と呼ぶのは、その後のブロードウェイが勢いを減じたことを示唆している。六〇年代後半のブロードウェイは、いくつかの名作を生み出してはいたものの、劇場街の興行としては低迷の時期を経験していた。以前ほどの存在感を示せなくなったのは、TVという娯楽ジャンルの普及とも関係しているが、それだけではない。音楽市場との関係もまた変化しつつあった。劇場界と音楽市場の新しい関係を象徴する出来事は一九六〇年代末に起こった。ロック音楽がブロードウェイにも浸食してきたのである。

第5章　音楽によるミュージカル革命

ロック音楽と劇場

二〇世紀前半のブロードウェイの劇場街は、ティン・パン・アレーやハリウッドの映画界と繋がり、ポピュラー音楽と密接な、互恵的な関係を保っていた。しかしその関係は五〇年代から徐々に変化し始める。この時期には戦後の若者文化の象徴として、新しい音楽ジャンルが広がってゆく。

すなわちロックンロールであり、さらに洗練されたジャンルとしてのロックが六〇年代に爆発的な人気を博した。エルヴィス・プレスリー（一九三五－七七）に若者が夢中になり、そしてイギリス発のビートルズが一世を風靡《ふうび》する時代である。その新しい波は、一九六〇年代前半あたりまでは、ミュージカル界にはほとんど入ってこなかった。以前は「最新の」音楽と密接な関係を築いていたはずのブロードウェイが、ロック音楽の動きに反応していなかったことは、言ってみればロックンロール／ロックは劇場とは無関係の市場で大きく成長していたことを意味する。

この音楽は特に一〇代の若者に熱狂的に受け入れられた。一九二〇年代の若者文化の担い手は主として大学生年代の二〇歳前後であったが、戦後の若者は高校生相当である。ティーン・エイジャーが消費者として一定のボリュームと存在感を持ったのは史上初めてのことだった。ロックンロール／ロックは、親世代の制度や価値観に反発しながら主体的に自分たちのカルチャーを主張する一〇代の消費行動の中で広まった音楽である。大枠では以前から存在する「ポピュラー音楽」の一形態として見なされるとはいえ、新しい若者の音楽は、前の世代によって制度化されていた文脈には乗らなかった。

ロックンロールもロックも、従来の音楽にはないテクノロジーと密接な関係を持つ。エレキギターやエレキベースとその音を増幅するアンプである。その特徴は一九六〇年代にロックとして広まるサウンドでさらに強調されることになるのだが、「大人」世代がしばしば否定的に挙げていたのはとりわけその「音量」であった。電気的に楽器の音量を増幅し、意図的に過激な音色を出そうと歪《ひず》みも取り入れていくジャンルである。音量と音の厚みも増し、それに伴って歌声も変化した。マイクとアンプを経由した声はギターやドラムの音響に負けない音量になるだけでなく、シャウトすることによっても楽器に対抗した。その歌は、上の世代には歌詞の聞き取れないやかましい音楽に感じられたことだろう。

　ロック音楽の登場は、新たなメロディやリズムを持つ音楽ジャンルが生まれたというだけではなく、それまでにはありえなかった「サウンド」自体がポピュラー音楽市場を占めたことを意味する。それは新しい聴覚体験だったと言えるかもしれない。いわばポピュラー音楽の世界で、音楽というより音響に革命がもたらされたのである。

　マイク自体は以前からポピュラー音楽の世界でも使われ、一九二〇年代からラジオやレコードに乗る歌声はマイクを通したものとなっていた。それにつれて歌手はマイクに合わせた発声をするようになり、結果的に歌唱様式の変化がもたらされた。劇場でマイクが導入され始めたのは一九四〇年頃である。その目的は歌い手の声の音量を上げることにあり、舞台上の隠れたところに固定されたフロアマイクやスタンドマイクが使用されるようになった。

　マイクのない時代には、劇場の歌い手はオペラ歌手のようにクラシックの発声をすることも多かった。大仰に聞こえるこのオペラ発声は、特に一九世紀にオーケストラが大音量化する中で声量を最大限に生かすために生み出された歌唱法である。劇場中に声を響かせるその発声法は、オペラだけではなく、アメリカ版オペレッタやミュージカル・コメディにも用いられていた。一方で、一部のヴォードヴィルの歌い手は低い地声で歌う者もいた。いずれにしても、大きな劇場では「聞こえない」という不満は珍しいものではなかった。

しかしマイクが使われるようになり、またマイクの性能が改良されると、歌唱もラジオでの語りも、大声を出す必要はなくなる。声はより日常に近い発声で電気的に届けられ、特にラジオを通して語る声はリスナーにとって親密性が増したように感じられた。歌声もまた、地声や囁《ささや》きなどで細かいニュアンスを表現できるようになる。その中でクルーナーと呼ばれる低音で囁くような男性の唱法も登場した。一九四二年に録音された「ホワイト・クリスマス」で有名なビング・クロスビー（一九〇三－七七）はマイク歌唱を発明した歌手として知られている。ポピュラー音楽界で新しい歌声が生み出され、その声にファンが生まれる一方で、マイクとスピーカーのせいで従来よりも歌唱技術がない・声量がない歌い手が出てきたと、歌唱の質の低下を嘆く批判も聞かれた。

歌声の電気的な拡大が繊細なニュアンスの表現を可能にしたわけだが、しかしロックがマイクとアンプを通して実現した声は、繊細さやニュアンスとは正反対のものである。むしろ電気楽器とマイクとアンプにより増大する音量に合わせて、その音量に対抗するような声が登場した。アコースティックな音のボリュームを支えるマイクというもともとの役割をはるかに超える効果が見出されるようになったのである。だからこそ、そのサウンドは中高年層にとって「うるさい」と感じられたのだ。

以前のポピュラー音楽が幅広い世代に受け入れられていたのとは異なり、ロックンロール

／ロックがエネルギーを発散させようとした戦後の若者世代のみに熱狂的に受け入れられたのは、この大音量という要素とも無関係ではないだろう。このような世代間のズレはまた、ポピュラー音楽と劇場との関係を変化させた。

六〇年代以降もブロードウェイ劇場街は、勢いを失いつつあったとはいえ、衰退したわけではない。この時期の流れを見てみると、成功作となった《屋根の上のヴァイオリン弾き》（一九六四年ブロードウェイ初演、一九六七年日本初演）の上演がある。他にも《ラ・マンチャの男》（一九六五年ブロードウェイ初演、一九六九年日本初演）、《キャバレー》（一九六六年ブロードウェイ初演、一九八二年日本初演）などがある。このような後世に残る名作が生み出されたものの、やはり全体としてはミュージカル創作の勢いは、数の面でも話題性の面でも弱まりつつあった。業界人であったラーナー自身が述べるように、ミュージカルの作詞作曲者の第一世代と第二世代で黄金時代を形づくった後、次の世代が台頭しなかったのである。

制作者側だけではなく、劇場も若い世代の観客を獲得できずに苦慮していた。経済的にも活気をなくしていたブロードウェイは、商業的に安全な演目を目指さざるをえず、結果として中高年のビジネスマンが安心して享受できるような作品が多くなった。そのため若い世代にアピールできなくなっていたのである。他方、若者をとらえていたロック音楽に対しては、ブロードウェイ劇場関係者が否定的な見方をしていたことは先に述べた通りである。高齢化しつつある業界がこの音楽を受け入れるのは難しかったのだろう。

「ポピュラー音楽」と呼ばれるものが世代間でここまで断絶したことは、ブロードウェイにとっては初めての経験であった。かつては最新の音楽を積極的に取り入れていたミュージカルだったが、今や劇場作曲家が新しい音楽であるロックを採用するのはたやすいことではなかったのである。

そうした中でも、新しくロックンロールを取り入れる試みがわずかに出てきた。商業的に成功したのは一九六〇年初演の《バイ・バイ・バーディ》である。ただしこれは一九五〇年代のエルヴィス・プレスリーの徴兵騒動を風刺する内容で、ロックンロール的な音楽はその一部に取り入れられた程度である。メドレー式の序曲を聴いても、ワルツ的な甘やかなメロディあり、ストリングスメインの映画音楽的な響きあり、ラグタイム的なピアノあり、ジャズバンド的な響きもありと、基本的には従来のミュージカル形式とティン・パン・アレー音楽を踏襲して作られており、ロックンロールによって新機軸を提示するような影響力を持ちえなかった。《バイ・バイ・バーディ》の成功にもかかわらず、そこからブロードウェイの作曲家が新たな音楽を導入する方向へと触発されるような動きも生まれなかった。

一九五〇年代のロックンロールがポピュラー音楽市場で下火になった後に、取って代わるように広まったのがロックである。ロックンロールを引き継ぎつつも、それはさらに若いサウンドを追求するエネルギッシュな音楽として花開いた。ビートルズがアメリカにもたらされた頃に、ロックはより広い音楽ジャンルを吸収しつつ、進化したテクノロジーと共に新たなサウンドを生み出していった。

ブロードウェイでロック音楽に正面から取り組み、劇場との融合を最初に成功させたのは《ヘアー》である。

《ヘアー》と新しいサウンド

一九五〇年代初期のブロードウェイでは、より小規模な劇場をオフ・ブロードウェイと呼ぶようになり、そこが商業化するようになると、さらに実験的な公演を行う小劇場群をオフ・オフ・ブロードウェイと呼ぶようになった。動員が読めない実験的な作品はまず小さな劇場で上演され、それが興行として成功すればブロードウェイで上演されるというように、三つの領域は役割分担と関連性を保ちつつ、併存していた。

小劇場での実験的演目は批評家受けが良いことも多いが、だからといってそれをそのまま大劇場にかけて商業的に成功するわけではない。ブロードウェイに持っていくには、興行として成功する見込みが必要なのである。だからこそ、ブロードウェイなどの大きな劇場にかける前にトライアウトとして近隣や地方の小さな劇場で試行上演するという習慣が現在でもある。オフ・ブロードウェイとオフ・オフ・ブロードウェイは芸術的な新規の試みと大衆受けする商業性とを相互に調停する役割の分業体制として出来上がったと言ってよいだろう。

商業的な音楽ジャンルと思われるロック音楽が導入されたミュージカルは、商業的ではない実験的な公演として始まった。それほどロック音楽の導入は劇場界にとっては新しい試みだったということである。

エリザベス・ウォルマンはロック音楽がミュージカルに入り込んでいった過程を詳細に論じているが、その中で《ヘアー》はロック・ミュージカルという語の源となった作品だと位置づけている。この作品はブロードウェイ劇場界が全体的には低迷していた時期に誕生した新しいタイプの作品である。ジェームズ・ラド（一九三二－　）&ジェローム・ラグニ（一九三五－九一）脚本作詞、ガルト・マクダーモット（一九二八－二〇一八）の作曲による《ヘアー》は、まずは一九六七年にオフ・ブロードウェイの劇場から始まり、その成功を受けて一九六八年のブロードウェイでの上演に至ったが（日本初演は一九六九年）、その演出はオフ・オフ・ブロードウェイのディレクターであるトム・オホーガン（一九二四－二〇〇九）が担当した。まさにブロードウェイの三つの領域を横断する形で成功した例だったわけである。

《ヘアー》の特徴はまず、ブロードウェイの劇場界で一九四〇年代から重要視されてきた一貫した物語に則ってはいない点にある。今では珍しくない形式だが、緩やかな物語を下敷きに断片的な場面が並べられるタイプのミュージカルである。一九四〇年代以降、緊密なストーリーに沿って歌やダンスを配していく「統合ミュージカル」を理想形として掲げてきたブロードウェイにとって、これはその理念に反する形態を持っていた。しかしそれでもオフ・ブロードウェイでの実験的要素――ヒッピー文化、ヌード、戦争、同性愛、ドラッグといった社会問題の扱いなど――により、批評家からも好評を得た。物語の筋が緻密ではないこの種のミュージカルは、台詞による対話よりも舞台上の見せ方が重要な鍵を握るため、結果的に演出家の地位を引き上げることにも寄与した。その後、演出家の名前が投資対象の選択基準にもなっていくのである。

《ヘアー》が提示するテーマに対して、若者の音楽としてのロックが採用されるのは必然であった。《ヘアー》はその実験的な挑戦という点で批評家からも一定の評価を受け、そしてロックの使用という点では若者を引き付け、興行としても成功した。一部にロック的なナンバーを数曲取り入れたというのではなく、ロックを中心に楽曲が置かれた最初のミュージカルであった。

ミュージカルという劇場ジャンルの中にロック音楽が入ってきた経緯としてはまた別の背景がある。それは、ロックンロールからロックへと洗練していく過程で、エレキギターやエレキベースなどの編成を踏襲しつつも、フォークやオーケストラ、非西洋の楽器など、多様な音楽を取り込むようになり、ロックの側もまた劇音楽を提供しうる幅広さを獲得して劇場に近づいたことである。《ヘアー》の作曲を担ったガルト・マクダーモット自身、大学で音楽を専門的に学び、アフリカ滞在の経験からその地域特有のリズムに通じるなど、クラシック音楽やジャズにとどまらない広範な音楽的知識を備えた作曲家であった。このような作曲家は場面に応じて自在に多様な音楽を使用することができる。その意味でこの作品は、分離しつつあった劇場音楽とポピュラー音楽を再び架橋する試みでもあった。《ヘアー》のオリジナル・キャストのレコードはビルボードのアルバム売り上げ一位となり、その後「アクエリアス」などの人気ナンバーも様々なミュージシャンにカバーされて広まり、音楽市場において存在感を示すブロードウェイ・ミュージカルとなった。

コンセプト・アルバムとロック・オペラ

《ヘアー》が観客からも批評家からも受け入れられたとはいえ、従来の劇場関係者はやはりそのサウンドへの抵抗を示していた。先述のようにロック音楽の重要な特徴は、電気楽器をメインに使うこと、マイクとアンプ、そしてドラムを使用して大音量を出す点にある。それは従来の劇場とは全く異なる音響経験を意味した。《ヘアー》初演の時点では、オホーガンはスタンドマイクを使用したが、当時のブロードウェイではまだ珍しかった。それまで劇場で使われたマイクはフロアマイクが多く、目立たないようにして使用されるものだったのである。

ロックの大音量を劇場で体験することで、このミュージカルは多くの若者にアピールできた。それは言わばロック・コンサートの興奮が劇場に持ち込まれたからだろう。それに対して劇場界の批評家たちは、このような音響の電気的増幅を嘆きつつ必要悪として認めはしたものの、やはり「黄金時代」の洗練された都会的な音楽を持つミュージカルを懐古していた。

《ヘアー》は、単にロック音楽を使用したから「ロック・ミュージカル」と呼ばれた、というだけで話は終わらない。時をほぼ同じくして、一九六〇年代後半にはミュージカル界で「コンセプト・ミュージカル」という語が使用され始め、《ヘアー》も含め、それは一九七〇年代末頃までの作品に対して使われた（一九四〇年代の実験的な作品に遡って使われることもある）。論者によって多少定義は異なるものの、この語が意味するところは、ストーリーに基づくのではなく、一つのアイデアに基づいて歌・ダンス・ストーリー・舞台装置などが編成される演目だということであった。つまりその形式的な特徴はレヴューに似通ったものとも言える。有名な例としては一九七五年の《コーラスライン》（日本初演は一九七九年）があるが、当時はこれも「レヴュー」と呼ばれることもあった。そうした誤解を回避するために、

「断片ミュージカル」という代替語を提唱した劇評家もいたが、定着はしなかった。

コンセプト・ミュージカルという名称が演劇界で注目され始めたのと同じ頃、音楽界では「コンセプト・アルバム」という新しいLPレコードが広まっていた。最も有名かつ重要な例はビートルズの『サージェント・ペパーズ・ロンリー・ハーツ・クラブ・バンド』（一九六七年）で、架空の設定で個々の楽曲を並べてアルバム自体を一つの作品のように提示している。それはヒット曲を単に集めたものではなく、新規に作られた作品としてのアルバムであり、シングル・カットもなかった。アルバムを作品としてリリースする手法はビートルズが始めたことではないが、ビートルズのアルバムによって「コンセプト・アルバム」は一九六〇年代から七〇年代初頭にロック音楽界に登場したレコードの一タイプとなった。そしてこれが登場するためには技術的・美学的条件が整っていなければならなかった。

長年ポピュラー音楽のレコードは短い単独曲（今で言うシングル）で売り出すのが一般的だった。ロックンロールもロックもそのフォーマットに乗っていた。しかし成熟してきたロック音楽の中から、徐々に単独の楽曲ではなく、それらを一つのテーマやコンセプトに基づいて連ね、よりスケールの大きい「アルバム」として作品を形作るという芸術志向性が出てくるようになった。

ビートルズのアルバムはその実例だった。それはスタジオにおける録音技術の発達を前提としており、ロックの音楽家たちは、最新のテクノロジーを駆使して、自分たちのこだわりの音楽を一曲ではなく一アルバム単位で追求したのである。ミュージシャンは自分たちの音楽を制作する過程全般で、音響的・芸術的な主導権を握る。彼らのそうした音楽的欲求を満たす媒体が、長時間録音が可能なLPレコードだった。アルバムの鍵となるコンセプトを立て、個々の楽曲をテーマ的に関連づけ、全体として統合されたものへと配置してアレンジする――そこから発展してストーリーラインを導入したり、キャラクターを発展させたりするような試みも登場した。これが一九六〇年代後半に「ロック・オペラ」と呼ばれるものに繋がったのである。

ロック・オペラは、クラシック音楽ジャンルの「オペラ」とはほとんど関係がない。ただ、キャラクター描写と緩やかなストーリーラインを持って作り上げられたアルバムとして登場した。ここで重要なのは、コンセプト・アルバムと同様、ロック・オペラも、コンサートではなくスタジオの産物であったこと――つまり最新のテクノロジーを駆使してサウンドにこだわって作られた音楽だという点である。ロック・オペラとコンセプト・アルバムはほぼ同義語として使われた。どちらの語も出自は明確ではないが、一九六九年にザ・フーが『トミー』というアルバムを出した時に、そのギタリストで作曲を担っていたピート・タウンゼント（一九四五－　）がインタビューの中で使ったのを機に「ロック・オペラ」という語が広く出回ることになった。

　コンセプト・アルバムにしても、ロック・オペラにしても、その前提にはシングル曲ではなくアルバムという単位で楽曲群を発表する美意識、そしてその追求を可能にしたスタジオのテクノロジーがある。スタジオの中で、様々な技術を用いて音を加工しながら全体としての音楽を生み出す。言わば実験室で録音された完璧なサウンドは、それ自体が原形となってアルバムを基にしたコンサートが行われる。コンサートはレコードの再現であったわけだが、その場もまた、音響とスペクタクルで魅せる新たなライヴ・イベントとして別に成長していった。スタジオで制作したこだわりのサウンドをコンサート会場での生演奏で再現しようとするだけではなく、会場は大きくなり、大音量で照明も駆使した演出なども含めたコンサートが出来上がっていく。こうしたコンサートのあり方もまた、劇場に影響を与えた。《ヘアー》はそれをミュージカルで実現してみせたということになる。いわばロック・コンサート自体が劇場にもたらされたのであり、劇場とロックはここで再び協働する経験を得た。音楽界のコンセプト・アルバムと演劇界のコンセプト・ミュージカルとの直接的な関係はなかったが、ロック・ミュージカルの出現によって両者は後に接点を見ることになる。

《ジーザス・クライスト・スーパースター》――音楽先行の受容

ロック音楽を導入したミュージカルの成功例としてより大きな刺激をもたらしたのはイギリス勢だった。その嚆矢《こうし》として挙げられるのは、アンドリュー・ロイド＝ウェバー（一九四八－　）作曲、ティム・ライス（一九四四－　）作詞による《ジーザス・クライスト・スーパースター》（一九七一年ブロードウェイ初演、一九七三年日本初演）である。これは一九六四年にアメリカに上陸したビートルズ旋風になぞらえて、劇場界のブリティッシュ・インベイジョンと呼ばれることもある。

以前からブロードウェイ作品がロンドンで上演されたり、また少ないながらもその反対にロンドン・ミュージカルがブロードウェイに持ち込まれたりしたことはあった。たとえば《オリバー！》（一九六〇年ウェストエンド初演、一九八〇年日本初演）がその例である。しかし《ジーザス・クライスト・スーパースター》のアメリカ上陸の意義は、単にイギリス産の一作品がアメリカに輸入されたことにあるのではない。これはブロードウェイの劇場界と音楽界にも衝撃を与えることになったという点で、全く新しい事件であった。

おそらく多くの人が観ても聴いても、黄金期のブロードウェイ・ミュージカルとこの《ジーザス・クライスト・スーパースター》が全く違うスタイルであることを感じるだろう。これは当時ブロードウェイで言われ始めた「ロック・ミュージカル」を広く知らしめるような作品であった。《ヘアー》での新しい劇場経験以上に、この作品はミュージカルにおける音楽の存在感の大きさを否応なしに突きつけた。

この作品はイエス・キリストが弟子のユダに裏切られ、十字架に架けられるまでを描いている。ヨーロッパの音楽劇の歴史に沿って言えば、それは受難曲にあたる。このミュージカルは設定を現代に置き換え、民衆に相当する若者集団に勝手に崇《あが》められ神へと祀《まつ》り上げられ、その民衆に裏切られる悲劇と皮肉を、現代的なロック音楽で綴る試みであった。序曲の冒頭からエレキギターのソロが静的な動きながらもロック的な電気楽器の音を響かせる。従来のミュージカルと同様、序曲は本編に登場する音楽のメドレーとなっているが、随所にロックのサウンドがちりばめられている。そして序曲が終わってから始まる最初のユダのナンバーのイントロは、再びエレキギターのリフ（反復）で印象づけられる。ロイド＝ウェバーもまた、クラシックからロックまで、多様な音楽ジャンルの技法や様式に精通した作曲家であり、序曲と最初のナンバーですでにそれを実感できる。

しかしライスとロイド＝ウェバーが《ジーザス・クライスト・スーパースター》をアメリカに持ち込んだ時、二人はまだ二〇代の無名の若者だった。何の実績もない彼らの作品がいきなりブロードウェイの劇場で公演できるはずもない。この作品の上演に至るまでには、従来のミュージカルとは異なる経緯があった。

二人は一九六五年から共同制作を始めてはいたが、その実績は《ジョゼフ・アンド・アメージング・テクニカラー・ドリーム・コート》（一九七三年ウェストエンド初演、二〇二二年日本初演）という小規模作品で舞台ジャンルを経験しただけであった。ただしこの作品で、聖書の物語を様々なジャンルの音楽とナレーションによって綴るという形態を試行していた。ライスにはロック音楽、ロイド＝ウェバーにはオペラという背景があり、ロック音楽を使った音楽劇を実験的に作ろうとして《ジーザス・クライスト・スーパースター》は制作された。

クラシック音楽の知識と経験を持つロイド＝ウェバーは、ロックに関してもアート・ロックの志向性を持ち、シンセサイザーや変拍子を使った音楽的挑戦を意識していた。しかし知名度も実績もほとんどない二人の新作プロジェクトは地元ロンドンですら興味の対象とはならなかった。様々な芸術活動の中でも舞台作品を上演することは最もコストのかかる贅沢でかつリスクのある興行である。成功の見通しが立たなければ舞台化に結び付かないのは当たり前であろう。

その現実に直面して二人が最初に行ったのは、ミュージカル内のナンバーを先に音楽界に出すことであった。楽曲のリリースも簡単ではなかったが、運よく関係者の関心を引いたことから、一九六九年に主要ナンバーとなる「スーパースター」がシングル・レコードとしてリリースされた。注目に値するのは、その製作を引き受けたのがＭＣＡのデッカ部門であったことである。このレコード会社部門はそれ以前から劇音楽を手掛けており、それに加えてザ・フーの『トミー』という「ロック・オペラ」のアルバムを出して成功を収めていた。つまりすでに物語性を持つアルバム製作の実績を持っていたレコード会社である。

「スーパースター」を発売しても相変わらずイギリスでは無反応だったが、アメリカではまずまずの成功を収め、その実績に基づいて、同社はLP二枚組アルバム『ジーザス・クライスト・スーパースター』を一九七〇年に発売した。これは音楽界ではコンセプト・アルバムと見なされた。このレコーディングで起用されたのは、イエス役にディープ・パープルのヴォーカルであるイアン・ギラン（一九四五－　）、ユダ役に《ヘアー》のロンドン公演に参加していたマレー・ヘッド（一九四六－　）であった。イアン・ギランは収録のみで舞台で演じたわけではないが、このレコードに実際のロックバンドのヴォーカリストを選んだ意味は小さくない。中でもディープ・パープルは一九六九年にコンサート（Concerto for Group and Orchestra）でロックとオーケストラの共演を試みたバンドとして知られる。そして一九七〇年代にはハード・ロックを追求することになる重要なバンドである。『ジーザス』の先行アルバムにはさらにエレキギター、アコースティックギター、ドラム、エレクトリックベース、キーボードなど、ロックの楽器群に加えてオーケストラを使用していた。レコーディングには八〇人もの交響楽団、イギリスのロック・グループから集めた六人のミュージシャンが参加し、リード・シンガー一一人、コーラス一六人に三つの聖歌隊が加わっていた。このことからも、『ジーザス・クライスト・スーパースター』が本格的なアート・ロックのアルバムを目指したものであることが窺える。

シングルよりも、このアルバムの方が全米でヒットし、ビルボードのアルバム年間チャートで一位にまでなった。アルバム内ですでに物語が形成されているこの音楽は、舞台化への期待を膨らませた。間もなくアルバムに基づいたコンサートが開催され、まずは地方での舞台化が進められた。その人気ゆえにブロードウェイでの舞台化の際には前売りチケットがよく売れた。このような現象は公演前から興行的成功を約束するものであり、《ジーザス・クライスト・スーパースター》の圧倒的な商業的成功が《ヘアー》を超えた点であるとする見方もある。

ここで《ジーザス・クライスト・スーパースター》のプロモーションにおける注目点を挙げておきたい。舞台化の前にアルバム売り上げが成功したということは、興行のリスクをいくらか軽減させるものと考えられる。全く見知らぬ新作よりも、少なくとも大人気のアルバムの楽曲が使われている舞台という情報があれば、興味を持つ人々は確実に多いはずだからである。《ジーザス・クライスト・スーパースター》は戦略的に、舞台を知ってもらうために音楽を販促として活用した。

この方法はブロードウェイでは画期的であった。アルバムがヒットした《オクラホマ！》

の例からも分かるように、公演とほぼ同時にオリジナル・キャスト・レコーディングという形でアルバムが売り出されることは以前にもあった。しかし公演前のアルバム・リリースは初めてのマーケティング戦略である。それが可能となった背景には、ザ・フーらのバンドがすでに音楽市場に広めていた「ロック・オペラ」や「コンセプト・アルバム」という概念があり、アルバムの形で作品を発表するという価値観とリスナーの側の受容経験がある。この土壌がなければ、舞台にかける前にまずアルバムで売り出すという《ジーザス・クライスト・スーパースター》の戦略も成功しなかっただろう。そしてコンセプト・アルバムが、一貫したストーリーを持たないコンセプト・ミュージカルに結びついた例は《キャッツ》に見出せる。

ライスとロイド＝ウェバーはまさにこうした音楽業界の動きを把握して行動していたということである。《ジーザス・クライスト・スーパースター》は舞台化前に音楽で物語の全体像を提示し、その音源を流通させた上で舞台化に持ち込んだという点で、紛れもなく「音楽」によって売り出されたミュージカルであり、その第一号だったと言える。ブロードウェイ初演の幕は一九七一年一〇月一二日に上がった。

この作品はほぼ全編が歌で綴られ、台詞を持たない。その楽曲のすべてをロック音楽で通したわけではなく、ロイド＝ウェバーはクラシック音楽の背景から、様々な音楽様式を効果的に使用して、鍵となるナンバーにロック要素を用いた。全体としては若者に聴きやすいポピュラーな響きを持ちつつも、時に前衛音楽的な無調、変拍子なども織り込んでいる。

この後、特に八〇年代に隆盛するヨーロッパ勢の大規模なミュージカルは、「メガ・ミュージカル」と呼ばれることになるが、その基本的特徴を示したのは《ジーザス・クライスト・スーパースター》だと言われる。その一つがほぼ全編を歌で通すという特徴であった。ミュージカルが一九四〇年代にミュージカル・プレイとして一貫した音楽ドラマに成熟していく中でも、物語がすべて歌われることはなかった。ミュージカル・ジャンルの様々なタイプはいずれも、歌うナンバーと対話する台詞を併存させてきたのである。全編を通して歌うタイプは、その後しばらく、ミュージカル制作に影響を与えることとなった。

サウンドの理想と現実

アルバムの先行リリースとその大ヒットにより舞台化を遂げた《ジーザス・クライスト・スーパースター》だが、その上演の際には様々な問題に直面した。プレビュー段階で、音響調整と機材トラブルが原因で数日延期せざるをえなくなったのである。それ以外にも、ドラマを埋め合わせるスペクタクル利用の問題など、ライスおよびロイド＝ウェバーらと演出側のすれ違いも見られた。

多々ある困難のうち、特に注目しておきたいのは、スタジオ・レコーディングで制作されたアルバムの音響と、劇場という場でのサウンド再現に関わる問題である。先述のウォルマンは端的に「ロックを舞台にうまく翻訳できなかった」と表現している。それはまさに、ロックの音楽が劇場に持ち込まれたことで浮上した新しい課題であった。音楽界のスタジオ録音およびコンサートでのサウンド・テクノロジーと劇場のライヴ上演では、サウンドのクオリティが決定的に異なっていたのである。当時、劇場スタッフのポジションに「サウンド・デザイナー」が置かれていなかったことは、その重要性が認識されていなかったことを象徴的に物語る。

実は《ヘアー》と《ジーザス・クライスト・スーパースター》上演に際して、劇場で新たに生じた音響上の問題を解決した人物がいた。両作品の上演に関わったエイブ・ジェイコブである。彼は一九六六年のビートルズのツアーにサウンド・クルーとして参加しており、アーティストが自分たちのサウンド・システムの装置を持って移動公演を行う現場に携わっていた。その後《ヘアー》の一九七〇年ボストン公演を手伝うことになり、ロック・コンサートで得た音響技術を劇場で発揮した。彼はロックの音と美学を劇場に初めて持ち込んだ人物である。

そんな彼の技術とノウハウを《ジーザス・クライスト・スーパースター》に生かすよう求

めたのは、演出家オホーガンと照明および場面デザインに関わる技術者たちであった。すでにその人脈は《ヘアー》上演の協働で築かれており、《ジーザス》のスタッフ陣はジェイコブの腕を知っていたのである。《ジーザス・クライスト・スーパースター》の劇場公演がそのプレビュー段階でトラブルを抱えた時に、彼らはジェイコブに助けを求めた。

そもそも単独ナンバーの「スーパースター」からして、電気楽器とオーケストラ向けに作られており、楽器群の音響は歌声の能力を超えてしまう。声と楽器群とのバランスは、スタジオの音響設備があれば容易に調整ができるものの、当時の劇場設備ではそうはいかなかった。《ジーザス・クライスト・スーパースター》の上演が行われたマーク・ヘリンガー劇場は一九三〇年に建設されたもので、電気楽器のサウンド向きではなかった。急遽《きゅうきょ》呼ばれたジェイコブは《ジーザス・クライスト・スーパースター》プレビュー直前の音響トラブルの原因を突き止め、迅速に対処した。

そこではまだ複数のワイヤレスマイクを使える環境にはなかったため、演出を変更して、《ヘアー》の舞台で行ったようにスタンドマイクや手持ちマイクを使用することとした。手持ちマイクに繋がっている長いコードは、舞台上の役者の動きを制約するだけではなく、現代版とはいえ聖書の物語である《ジーザス・クライスト・スーパースター》の場面にはそぐわない、コンサートのようなビジュアルをもたらした。とはいえどうにか上演を達成したことによって、ジェイコブは劇場の世界でサウンド・デザイナーとしてクレジットされた最初の技術者となった。以後、彼はミュージシャンのスタジオよりも劇場公演における音響に尽力することになる。

一九七〇年頃には劇場の音響設備も改良されてはいたものの、まだ個々の演者のマイクを複数扱うような音響システムは整っておらず、レコーディング・スタジオの設備には及ぶべくもなかった。さらに、ロック音楽では大音量の迫力が優先されるのに対して、劇場では歌詞を伝えるために明瞭なサウンドが求められる。音響として目指すところも異なるのである。

このようなスタジオと劇場のサウンドの違いが《ジーザス・クライスト・スーパースター》の上演で致命的になるのは、この作品がアルバム先行リリースで上演されたからである。つまり、観客の多くは、すでにレコードでその全楽曲の高品質のサウンドを知っていて、その音楽を求めて舞台に来るのに、劇場ではそのサウンドを再現する能力がまだ整っていないのである。現在でもありうることだが、録音された音楽として聴きなれたものが、ライヴで違和感をもたらすことになるのである。《ジーザス・クライスト・スーパースター》の舞台は最初から、「オリジナル」としてのレコード・サウンドを判断基準として鑑賞されることになった。現在のロックやポピュラー音楽でも、ディスク音源がオリジナルとして扱われ、ライヴの音はその完成度には及ばないのだが、今やライヴはディスク音源からは得られない音響とスペクタクルを体感できるイベントとして独自の価値を生み出している。

　一九七〇年代の劇場で起こった問題は、オリジナル音源に代わる特別な音響体験を提供できるテクノロジーがまだ準備できていなかったことに起因する。これ以後、特にロックを使ったミュージカルは、レコードの音に劇場の音を近づける努力をせざるをえなくなった。その流れを歓迎しない人々もいたが、しかし現場は早々に動いた。《ジーザス・クライスト・スーパースター》の後、様々な劇場がジェイコブに協力を求め、スタジオとロック・コンサートのテクニックが劇場に持ち込まれた。彼は《エビータ》（一九七八年ウェストエンド初演、一九八二年日本初演）、《コーラスライン》（一九七五年ブロードウェイ初演、一九七九年日本初演）でも活躍した。そして彼が関与した作品の中でも特に一九八一年の《キャッツ》（一九八一年ウェストエンド初演、一九八三年日本初演）は個々の演者がワイヤレスマイクを装着した最初のミュージカルとなった。

　ワイヤレスマイクの重要性は、単に音響の次元にはとどまらない。マイクの場所から解放された演者は舞台上を自由に動けるようになるのである。それは必然的に舞台演出にも新たな可能性を拓くこととなった。野良猫たちの物語である《キャッツ》は、個別のワイヤレスマイクなしには成り立たなかっただろう。ロックを劇場に取り入れることにより、劇場は、電気楽器とオーケストラと歌声のトータルバランスを綿密に調整する必要性に直面することになったわけだが、そこで活躍したのはロック・コンサートの技術を持っている専門家たちであった。

劇場界と音楽界の論理

《ヘアー》ととりわけ《ジーザス・クライスト・スーパースター》がブロードウェイにもたらした衝撃は、サウンド・テクノロジーに関わる領域にとどまらない。そこでは、音楽市場と劇場の間に新たな美学上の亀裂がもたらされた。

ティン・パン・アレーに代表されるかつてのポピュラー音楽界と劇場の関わりは、楽曲提供が軸となっていた。工業製品のように定型化されたポピュラーソングを量産するティン・パン・アレーとそれをヒットさせスタンダード化する劇場界という互恵的関係である。しかし戦後アメリカの音楽界はすでにマスメディアに乗って、劇場を必要としない形で発展・拡大した。新曲を広範に広める媒体の軸としては、従来からラジオが優勢であったが、新しいプラットフォームとして数を伸ばしてきたのはレコードであった。これらのメディアは一九二〇年代にすでに登場していたが、レコードの売り上げがシート・ミュージックに取って代わったのは一九五〇年代であり、比較的時間をかけて音楽市場が熟していったことが窺える。

新しいポピュラー音楽を流通させるのに、地理的な限界のある劇場という媒体は、以前のような役割を果たせなくなっていった。戦後のポピュラー音楽界は、一〇代の若者文化の隆盛とともにその勢いを増した。この世代から支持されるロックンロールおよびロックは出自において劇場との関係を持たない。音楽市場で登場してから劇場に一部採用されるという関係である。

人気を博したポピュラー音楽が劇場にも導入されるという点だけを見れば、従来にもありえた。しかし一九六〇年代後半以降の劇場と音楽市場との関係はそれ以前と同じではなかった。実際、《ジーザス・クライスト・スーパースター》以降、ロックを使ったミュージカルはいくつか誕生したが、ヒット作はわずかで、定着しなかった。その難しさは、すでに《ジーザス・クライスト・スーパースター》初演の時から浮上していた。

《ヘアー》と《ジーザス・クライスト・スーパースター》の間には、《プロミセス・プロミセス》（一九六八年ブロードウェイ初演、二〇一二年日本初演）という作品のヒットがあった。これは映画『アパートの鍵貸します』を改作した台本に基づき、ポピュラー音楽界の作曲家バート・バカラック（一九二八－　）と作詞家のハル・デヴィッド（一九二一－二〇一二）が劇場向けに制作したミュージカルで、ロックではなかったものの、ポップスの音楽を重視していた。

批評家にも観客にも受けが良かったこの作品を機に、ポピュラー音楽界からの新しい人材がブロードウェイに参入したかに思えたが、バカラックは自身の作品に満足していなかったという。彼は大学で音楽を専門的に学び、ポピュラー音楽だけではなくクラシック音楽や現代音楽にも精通しているエリートであった。友人でもあったラーナーによれば、そのバカラックが満足できなかった理由は、レコーディング・スタジオで追求したサウンドを劇場では再現できないという点にあった。音楽的な要求水準の高かったバカラックにとって、初の劇場作品はまだ十分な場ではなかった。この問題は、《ジーザス・クライスト・スーパースター》以降のロック・ミュージカルにも同様に響くことになる。

ロック・オペラの概念が音楽界のバンドグループから登場したことからも分かるように、それを創り出すのはミュージシャンである。ロック・ミュージカルに音楽を提供することが期待されるのは、もはやティン・パン・アレーでフォーマット化されたポピュラーソングを量産していたソングライターではなかった。

一九六〇年代から徐々に、音楽市場では自ら作詞作曲をして歌うミュージシャンが増えてきた。かつての「ソングライター」という音楽製作過程の一分業ではなく、自分で楽曲を作って歌うミュージシャンがこの頃に多く登場した。自身の表現としての楽曲を本人が歌うというこのスタイルはカントリーやフォーク、ロックのジャンルでも広がった。それに付随して、楽曲は作者本人の主張や思想、メッセージをダイレクトに表しているものと受け取られるようになり、歌詞の内容も社会的あるいは個人的な問題意識を提起するようなものへと変化していった。多くの聴衆を引き付けるポピュラー音楽は、職人的作曲家によって歌手や組織に提供される従来のタイプとは別に、自身で作って歌うミュージシャンによって生み出され、リスナーの側にもそのイメージが定着し始めた。

さらにこの動きは一九七〇年代にはソロの歌い手にも広がり、「シンガー・ソングライター」という呼称がブームのように広まった。それに伴い、ソングライターが作った曲を歌う歌手よりも、自身で制作した楽曲を歌うミュージシャンの方が、どこか「本物」のように評価される傾向も出てきた。

このような演奏者と作曲家の暗黙の格差は、一八世紀のヨーロッパ音楽界から存在していた。その伝統の名残か、音楽自体を創る行為と、創られた音楽を演奏する行為との区別（あるいは差別）は、現在のポピュラー音楽市場を見ても一部に存在している。現在の日本の音楽シーンでも、「アーティスト」と呼ばれるミュージシャンは自身で楽曲を創作しているケースが多い。

一九六〇年代にポピュラー音楽の生産が作者の自作自演という形で定着するようになると、ヒットしている最先端の音楽を劇場に持ち込むことは難しくなる。作者の音楽的なこだわりはテクノロジーの発達と共に一層高度に複雑になる一方、劇場の論理や設備に合わせて音楽的な妥協を行うメリットが、音楽家側には見当たらないからである。《プロミセス・プロミセス》でバカラックが感じた失望もその点にあったのだろう。楽曲の宣伝も、ラジオやレコード、そしてTVが普及する時代になれば劇場よりもはるかに大きな利益を得られる。劇場と音楽界はもはや互恵的な関係を結ぶことができなくなっていた。

七〇年代に入って《ジーザス・クライスト・スーパースター》が若者の人気を集めたにもかかわらず、その後にロック・ミュージカルを主要なジャンルとして定着させられなかったのは、やはり楽曲制作上のテクノロジーの差と、そしてその美学の違いに依るところも大きかったと考えられる。《ジーザス・クライスト・スーパースター》の作曲をしたロイド＝ウェバー自身は演奏家ではなく、様々な音楽スタイルに精通したプロの作曲家だったが、新しいロックの音楽を次々に生み出していたのは楽曲制作と演奏を行うミュージシャンたちであり、バンドである。最先端の音楽を作るのは彼らであり、彼らは自分たちで表現する。《ジーザス・クライスト・スーパースター》のようなロック・ミュージカルがコンスタントに生み出されるためには、そうしたミュージシャンが必要だったが、そこにはまた別の困難があった。先に述べたように自作自演というスタイルが浸透してくれれば、作者＝演者＝歌という世間の同一視は避けがたく、それが一致しているサウンドを「真正のもの《オーセンティック》」と見なす傾向が生まれてくる。つまり、劇場の音響テクノロジーとは別に、楽曲を作った本人が歌うのが理想的なサウンドだと見なす傾向である。レコードと同じ音響を劇場が再現できたとしても、歌い手が違えばリスナーが劇場に魅力を感じなくなってしまう恐れがある。それでは、ミュージシャン自身がロック・ミュージカルの舞台に出演すればよいのだろうか。ロック・ミュージシャンを主役とするミュージカルなどで、その例も見られたが、ここにも問題が生じた。

劇場のシステムは、プロの制作者たちが生み出した作品を演者が「演じる」ことで成立している。劇場とは、演者だけではなく、演出家、舞台美術、照明、音響、振付師、指揮者など、舞台上演に関わるすべての人と協働することで成り立つ。劇場では出演者たちの台詞の順序や役者の立ち位置までもが事前に綿密に決められる。ロックのライヴにもリハーサルは必要だが、劇場におけるリハーサルの厳密さとは異なる。ロックのアルバム制作やライヴにおいては、いかに大勢のスタッフが関わっていようと、アーティストのこだわり次第ですべてを動かすこともストップさせることもできた。制作の主導権はアーティストの側にある。劇場と音楽界ではステージを成立させる論理が根本的に異なるわけである。

とりわけ、テクノロジーの発達と共に、アーティストは自身の音楽事業を芸術的にコントロールする権限を手に入れていた。彼らのサウンドへのこだわりはますます強くなる。マイクとアンプは単に音量を大きくするためのものではなく、ディストーション（音の歪《ひず》み）やシャウトなど、敢えてノイズのような音色を作ることで、効果を開拓した。ライヴでは派手なパフォーマンスも許される。それは役者のようにあらかじめ決められた動きではなく、その時々の演奏のテンションによっていくらでも変わり、また聴衆の方も、パフォーマンスに応じて身体を使って自由に反応することができた。だからこそミュージシャンにとって、そうしたコントロールの権限を全く持てない劇場で一役者の役割を演じることは、もはや最前線の音楽家とは見なされなくなるリスクを背負うことにもなったのである。劇場でミュージカルに出演することは、ともすれば音楽家としてのキャリアを傷付けると懸念された。あるいはアーティストとして第一線に立てなくなったから劇場に進出したというレッテルを貼られることもあった。

音楽界とミュージカル界が以前のような互恵的関係を結ぶことができない状況では、「最新の」音楽を取り入れることにも新たな問題が生じた。劇場を通じてヒット曲を生み出していた時代とは異なるのである。ロックとブロードウェイの音楽を融合させて若者の社会問題を扱った成功例とされている《レント》（一九九六年ブロードウェイ初演、一九九八年日本初演）でさえ、上演された時、八〇年代のMTV世代の音楽ファンに向けられたその音楽はすでに過去のものであった。そのため、《レント》は音楽界にインパクトを与えるようなものではなかった。ミュージカルはもはや最新のポピュラー音楽を広める場ではない。成功した作品がロングランとなり、レパートリー化したことを併せて考えれば、なおさらこれは必然であろう。ロック音楽もまた、他の音楽ジャンルと同様に、ミュージカルを構成する一要素となった。最新の流行ではない別の価値を持つポピュラー音楽を、ミュージカルは生み出すようになるのである。

メガ・ミュージカル

《ジーザス・クライスト・スーパースター》の後、ライスとロイド＝ウェバーが生み出したミュージカルは《エビータ》である。この作品も一九七六年にアルバム先行で成功を収め、はじめに一九七八年にロンドンで開幕し、翌年ブロードウェイで上演されて好評を得た。アルゼンチンの大統領ペロンの妻エビータの生涯をミュージカルで綴るこの作品の大きな特徴は、革命家のチェ・ゲバラをモデルにしたナレーターを据えたことにある。それにより《ジーザス・クライスト・スーパースター》よりもストーリーの説明を丁寧にすることができた。ロックだけではなく、タンゴやワルツ、行進曲などの多様なスタイルの音楽が採用されているのは前作と同様である。ミュージカルとしては《ジーザス・クライスト・スーパースター》の手法を踏襲し発展させた。しかし決定的に異なるのは、「フランチャイズ化」したことであった。

《ジーザス・クライスト・スーパースター》の演出への不満から、ロイド＝ウェバーは自分の作品へのコントロールを強めようと試みた。《エビータ》を、ロンドンでもニューヨークでも他の都市でも、どこで上演しようとも同じ演出と同じクオリティで公演できるようにしたのである。それをさらに強化した次作の《キャッツ》では、ロイド＝ウェバーはライスとのコンビを解消し、自作品への支配権を握った。この作品ではキャメロン・マッキントッシュ（一九四六－　）が初めてプロデューサーを務めた。一般的にはこの作品がメガ・ミュージカルの範型とされる。

「メガ・ミュージカル」という語は一九八〇年代にマスメディアに登場し、以後一般的に使用されている。基本的には一九八〇年代のブロードウェイを席巻《せっけん》したヨーロッパ発の大型ミュージカル群を指している。その特徴は、テーマが普遍的であること（人類愛や贖罪《しょくざい》、歴史ものなど）、音楽が壮大で存在感があること、言語（外国語）の障壁があまりないこと、それゆえにツーリスト向けであり、輸出向きでもあること、より多くの観客が好む作品であること、といったものである。これらは相互に関連しており、つまるところ、全世界の観客にも受容可能な要素を備えているということである。二〇世紀前半にアメリカのミュージカルとして確立したものは、アメリカ社会のリアリズムを志向するテーマを持っており、その点でブロードウェイ・ミュージカルはアメリカという地域性を背負ったものであった。しかし八〇年代のメガ・ミュージカルは歴史上の、あるいは外国の遠く離れた場所の物語であり、かつすべての人間にあてはまるような普遍的テーマを掲げている。

さらに、全編が歌われるか、ほとんどが歌となっているメガ・ミュージカルは、黄金時代のブロードウェイ・ミュージカルと比べて、台詞よりも音楽の存在感が大きい。常時音楽が鳴っているというだけではなく、音楽が感動を盛り上げるパワーを持つ。ということは観客の言語能力もそれほど求められない。外国からブロードウェイを訪れる観光客が立ち寄るにもハードルが低くなる。メガ・ミュージカルの音楽は多様な音楽様式を柔軟に使用しており、オーケストラを伴う作品が多い。ロック・ミュージカルのような若者に照準したものではなく、幅広い世代に向けたものだったが、ロックの技術と経験を経て電気楽器と大音量化したサウンドは継承している。そして視覚的にも、最新舞台技術を駆使した壮大な舞台装置は外国あるいは観光客にアピールしやすかった。

この時点でメガ・ミュージカルは新たな客層を獲得した。ミュージカルは観光資源となり、また世界中に輸出しやすいものとなった。《ジーザス・クライスト・スーパースター》《エビータ》《キャッツ》がその土壌を作ったが、ここに連なるのが《レ・ミゼラブル》《ミス・サイゴン》《オペラ座の怪人》となれば、メガ・ミュージカルの規模や影響力の大きさがよく分かるだろう。いずれも音楽が好まれ、スペクタクル上の見どころが必ず話題に上る。こうした特徴は、一九世紀パリのオペラ座で上演されたグランドオペラのそれとよく似ている。壮大なドラマで豪華なスペクタクルやバレエ場面を含むグランドオペラが贅沢な娯楽であったのと同様、メガ・ミュージカルも従来のミュージカルよりも派手なスペクタクルを誇る公演となり、だからこそ世界中の観客を魅了できたのである。

　フランチャイズ化されたメガ・ミュージカルは、全世界に同じ舞台を提供するために、演出だけではなく、共通ロゴを使用するなどのマーケティング戦略でも国際的な標準型を作り

図５　作品の上演を示す看板・ポスターなどのロゴ。上から《キャッツ》《レ・ミゼラブル》《オペラ座の怪人》
写真：上・下アフロ、中央 Photofest／アフロ

上げた。世界のどの都市にいても、黒い背景に金色に光る二つの目という図像を見ればすぐに《キャッツ》だと分かるし、リトグラフ風の少女の顔を見れば《レ・ミゼラブル》だと分かる。

ロイド＝ウェバーやマッキントッシュはこうした戦略によって、ミュージカル作品をローカルな都市娯楽文化から世界中で受容できる商品として作り上げたのである。これらのミュージカルはブロードウェイ出身ではない作者によって主導され、新作ははじめからグローバルな市場を前提としていた。そのミュージカル作品群が世界中でヒットしたことから、もはやミュージカルはブロードウェイだけのものではなくなったとも言える。メガ・ミュージカルは、作品のスケールが大きいだけではなく、その市場規模も拡大し、新たな土壌も開拓した。

グローバル文化としてのミュージカル

メガ・ミュージカルの圧倒的な成功は、批評界の勢力の弱体化を招きもした。しばしば言われるように、それ以前はブロードウェイの批評家たちの力が強く、初日の劇評が悪ければ数日で公演がクローズしてしまうということもあった。しかしメガ・ミュージカルは、主要な批評家たちが否定的な劇評を書いても、商業的には大成功してしまったのである。音楽が勝り、スペクタクル性も強いタイプのメガ・ミュージカルに対して、批評家たちは、脚本の弱さを欠点として指摘していた。ブロードウェイの保守的な批評界からすれば当然の反応であったが、今やそれは興行を左右する力を持ちえなかった。批評の相対的弱体化は、興行師や役者・スタッフを含め、舞台を製作する側からすれば好都合であった。多額の費用をかけた公演が批評一つで終了してしまうようなリスクを抱えずに済むからである。批評家たちにとってはおもしろいことではなかっただろうが、メガ・ミュージカルが提示した娯楽舞台のあり方は、ブロードウェイの経済的基盤にも寄与した。

先に触れたように、一九八〇年代のメガ・ミュージカルの範型と見なされているのは《キャッツ》である。それは内容面だけではなく、高予算ミュージカルという点でも新たな流れを作った。グローバルなマーケティング戦略からも窺えるが、一九八〇年頃には舞台テクノロジーとスペクタクル、映画の影響、分厚いオーケストラ、組合運動による人件費の高騰などもあり、ミュージカルの製作費は増大した。

他の作品よりも《キャッツ》が特に大成功を収めたのは、レヴュー・スタイルの作品、つまりコンセプト・ミュージカルであったためでもある。この作品は、T・S・エリオットの詩に基づいて野良猫たちの様々な生き様を順に描く。言葉による緻密なストーリー展開がなく、音楽とダンスとスペクタクルで魅せる作品だからこそ、より広い観客にアピールすることができた。外国から来る観光客にも受容しやすく、また外国にも売り込めるコンテンツだということとである。一貫したストーリーのなさやスペクタクルは、むしろ幅広い観客動員のためには強みとなった。《キャッツ》の大成功により、マッキントッシュとロイド＝ウェバーはコンビとしても、別個のクリエイターとしても、その後のブロードウェイとロンドンのミュージカルに大きな影響を及ぼしてゆくのである。

メガ・ミュージカルの背景には広い客層に応えるだけの技術的条件が揃《そろ》っていたことも見逃せない。スペクタクルに寄与する視覚的なテクノロジーだけではない。音響的なテクノロジーの発達の成果もあった。《ジーザス・クライスト・スーパースター》初演時に舞台上に見えていたマイクのケーブルは必要なくなった。一九六〇年代に発明されたラジオ・マイクロフォンはその後改良が加えられ、一九八〇年代には小型化・ワイヤレス化により演者一人一人が鬘《かつら》や衣装に装着しても目立たないものになっていた。現在一般的にミュージカル演者が使用しているタイプのものである。

八〇年代以降の劇場では個々の演者がマイクを装着し、大規模な編成のオーケストラや電気楽器が使われる。声量も音量も音質も異なる多様な音源をまとめてミキシングによってバランスを整え、拡声するPA（パブリック・アドレス）の技術は不可欠となった。劇場は、グローバルなビジネスとなる中で、美学的な標準化の一環として音響テクノロジーを備えることとなった。今やミュージカル俳優の声は、ロックのエレキギターやドラムにも対抗でき、オーケストラにも負けない音量を実現できるようになった。スペクタクルだけではなく、このような音響テクノロジーによってメガ・ミュージカルがグローバルに商業的成功を収めたことから、劇場界におけるブロードウェイの価値観も変化していったのである。

一九八〇年代にミュージカル界を席巻した、主としてヨーロッパ勢のメガ・ミュージカルの隆盛は九〇年代には落ち着き、ブロードウェイには新たな波が起こった。それはウォルト・ディズニー・カンパニーの進出である。ニューヨークのタイムズ・スクエアの再開発は「ディズニフィケーション」と呼ばれるほど、同社の影響を強く受けた。ミュージカルに参入しただけではなく、不動産をはじめとする様々な財の所有の上に、劇場、レストランやショッピングセンターなど、あらゆる面での経済活動を推し進めた。いわばタイムズ・スクエア自体をエンターテインメントのテーマパークのように仕立て上げ、それによって観光客を魅了するという戦略であった。この地に映画やTV、ラジオ、レコーディング用のスタジオも所有したディズニーは、製作の面でもPRの面でも有用なマスメディアのチャンネルを備えていた。

そのテクノロジーとノウハウによって、映画と舞台のミュージカルの双方向的な展開が一九九〇年代以降に活発になったのである。

そこには八〇年代のメガ・ミュージカルの劇場テクノロジーも寄与していた。当時ブロードウェイの批評界は「ミュージカルのシネマ化」を懸念していた。つまりミュージカルの舞台が音響と映像の技術をアップデートさせることで映画のようになってしまうことへの危惧《きぐ》である。しかしまさにその技術的発展が、ミュージカルと映画との行き来をしやすくしたのであり、それを実践したのがディズニーであった。

一九九三年に設立されたディズニー・シアトリカル・プロダクションズ製作による最初のミュージカルは《美女と野獣》（一九九四年ブロードウェイ初演、一九九五年日本初演）だった。続く《ライオンキング》（一九九七年ブロードウェイ初演、一九九八年日本初演）以降も次々にヒット作を生み出した。周知の通り、これらは映画を通して、広範に広まった。ディズニー・ミュージカルの成功は、ミュージカルだけではなく、映画、テーマパークやグッズ、世界への発信と観光業など、様々な領域と結びついている。

ディズニーの到来により、ブロードウェイの劇場街はそれまで以上に明確に商業化した。その一方で、以前からできあがっていたオフ・ブロードウェイとオフ・オフ・ブロードウェイとの関係は伝統的なミュージカル文化を支えるのにうまく機能し続けている。商業ベースに乗るか否かに必ずしもこだわらない実験的・前衛的作品を試す場は確保されているのである。

第6章　音楽とサウンドが作るドラマ

音楽による物語り

ここまでミュージカルというジャンル形成の歴史的経緯を音楽に注目しながら辿ってきた。本章では改めてミュージカルにおける音楽の役割に目を向けてみよう。第1章に挙げた「台詞か歌か」という美学的問題である。

メガ・ミュージカルと呼ばれる演目群は一九八〇年代に生み出されたが、その手法は後の世界中のミュージカルにも影響を与えることとなった。日本に《レ・ミゼラブル》が入ってきたのもこの時期である。この作品の世界的な受容は突出しており、二〇二〇年時点で五三ヵ国での上演記録を持っている。グローバルなエンターテインメント・ジャンルとなったミュージカルは、ブロードウェイを「聖地」として保ちながらも、今やアメリカだけの文化ではなくなった。ブロードウェイとの関係が密なイギリスは言うまでもなく、ドイツ、フランス、イタリア、チェコ、韓国や日本でも、独自のミュージカルの新作が生み出され続け、各地で翻訳上演されている。

国際的人気の高いミュージカル作品群は、七〇年代以降のロック・サウンドとテクノロジーの吸収を経て、「音楽」の存在感を増している。時折、批評家から「音が多すぎる」と評されることがあるのも、その表れであろう。ではミュージカルにおける音楽は物語の中でどのような役割を果たしているのだろうか。

第1章で簡単に触れたように、ミュージカルに含まれる音楽はいくつかの次元に分類できる。まず、ナンバーとしての歌があることは誰が見ても明らかである。その歌を細分化してみると、歌われる旋律があり、器楽による伴奏部分があり、歌の楽曲とは別に、インストゥルメンタルによるアンダースコアが存在している――それは台詞の背後に流れることもあれば、歌や台詞とは独立した器楽曲として流れることもある。アンダースコアの役割は、映画音楽と同様、場面の雰囲気や感情を補強して盛り上げたり、時には別の旋律やリズムによって自立したストーリーを語ったりすることである。またナンバーとナンバーを繋げるブリッジ的な役割を果たし、より大きな存在として歌も台詞もすべて包含しさえする。

アンダースコアは初期のミュージカルでも鳴ってはいた。しかし、一九六〇年代までのブロードウェイ・ミュージカルでは、概して「歌」と「伴奏」とが明確に分かれていた。メインは歌であることがはっきりしており、声部の構造もシンプルだった。歌の旋律に対して、「ズンチャッチャッチャ」という定型的な和音伴奏（つまりドラマ的な意味を持たない音型）が付いているタイプのナンバーも少なくない。言い換えれば、主役たる歌詞（言葉）が自然にはっきりと聞き取れる音楽だった。

それに対して七〇年代以降のミュージカルでは、歌以外の声部や音が加わり（器楽の旋律声部が増えたり、録音された音源が付されたりする）、複雑な音楽になっている。ミュージカルである以上、歌詞は聞こえなければならないが、音響的な余白のあったシンプルな楽曲構造の時代に比べて、声部や音が多くなった時代のミュージカルは、制作する側にとっても演じる側にとっても歌詞の活《い》かし方が難しくなっているように思われる。たとえ歌の旋律自体はシンプルであるとしても、常に複雑な音楽との関係の中で詞の響きや歌唱旋律を考えなければならないのである。そしてその音楽と歌詞、台詞に含まれる言葉との関係も観客側の意識に上るようになってきた。観客が日常的に聴き慣れているポピュラー音楽もまた、複雑なサウンドを持つからである。

黄金時代の作品群を念頭に置いたうえで、ミュージカルはその創作原理として台詞と歌の「断絶」を保持すべきだと考える作者や批評家は現在も存在する。しかしながら創作の現場はむしろその断絶を薄める方向に動いているように見受けられる。七〇年代以降の全編を歌で通すタイプのミュージカルはその一つの典型だった。すべてを歌にすれば、突然歌いだすという台詞と歌の切れ目はなくなる。だからといって全編歌によるミュージカルが一般的になったわけではなく、歌と台詞を共存させたうえで両者の境界を曖昧にするミュージカルも多数生み出されてきた。その手法は多くの場合、繋ぎの音楽としてのアンダースコアが担っている。

ここでは、主に一九七〇年代以降の日本でもよく知られたミュージカル作品群を前提として、台詞と歌の間および背後で機能する音楽の特徴を考察しよう。台詞や歌詞の「ことば」の要素以外の、音楽自体の機能である。言葉を借りずとも、メロディ・ハーモニー・リズム・楽器編成には、響きそのものによるストーリー・テリングの機能がある。それは映画音楽に近い役割だが、しかしミュージカルは歌で進行するドラマであるため、映画音楽と同じではない。

ミュージカル論では主要キャラクターによる独唱・重唱ナンバーが注目されがちだが、それ以外の音楽の基本的役割を、まずは以下の四点に整理して説明しよう。尚《なお》、実例に即した解説は巻末の補遺にまとめている。

①文化的意味を背負っている音楽的要素

音楽は作曲家自身の創造力によって作られるものではあるが、その楽曲の中にはすでにある種の公共財になっている音楽の要素がある。たとえば地域性や文化的特性を持つ音楽は、聴けば多くの人がその意味を理解する。こうした音楽的要素の活用はどの音楽ジャンルでも一般的だが、特に劇音楽では頻繁に行われる。映画音楽やゲーム音楽も同様である。それらの音楽的要素は場面の背景をなしている場所や時代、状況を説明する機能を担えるためである。

音楽の地域性は最も分かりやすい例だろう。スペインが舞台の作品には大抵フラメンコの音楽が使われる。観衆はその音楽を聴いただけで、そこがスペインなのだとほとんど無意識のうちに察知する。衣装や舞台セットと同様、見れば分かる・聴けば分かる材料である。西洋のバロック時代が舞台であればチェンバロの音色が使われるだろうし、アルゼンチンが舞台ならタンゴの音楽が鳴り、沖縄が舞台であれば沖縄民謡の音階が使われるだろう。各地の民謡や五音音階、民族舞踊や民族楽器はこうした地域性を分かりやすく示すと共に、旋律や響き自体が意味を持つ。

地域性だけではない。ロイド＝ウェバーは、楽曲の設定場所・時代などにふさわしい音楽的特徴を織り込んでミュージカルを制作した。第5章で取り上げた《ジーザス・クライスト・スーパースター》では聖書を現代の若者文化に置き換えるためにロックというジャンルを採用している。最も有名であろう《オペラ座の怪人》（一九八六年ロンドン初演、一九八八年日本初演）の序曲はパイプオルガンのパワフルな音響が印象深い。怪人が潜む一九世紀のパリ・オペラ座という場の荘厳な雰囲気を出すのに、オルガンの響きは有効なサウンド選択だと言える（オルガンは本来教会との結びつきが強い楽器だが、一九世紀には教会を離れて荘厳さを演出する音色として使われるようになった）。

ロイド＝ウェバーは様々な様式の音楽を作品や場面によって使い分けたため、彼に対して好意的ではないブロードウェイの批評家たちはしばしばそれを様式的な統一性のない「パスティーシュ（寄せ集め）」と呼んで批判した。しかし場面に応じて音楽の地域性や時代性をドラマに利用することは、むしろ劇伴音楽の基本である。黄金時代のブロードウェイ・ミュージカルにもその例は見られる。

さらに、一つのナンバーの中で異なるジャンルの音楽を対置させれば、場面の劇的な効果が高まる。単純な例で言えば、味方側の音楽と敵側の音楽を対置して戦いの場面のドラマ的緊張をもたらしたり、あるいは敵側の音楽を混在させることによって、登場人物たちの知らぬ間に敵が忍び寄ることを暗示したりするような使用法である。音楽的特徴（様式・ジャンル）の使い分けは、物語世界外の観客にだけ真相を教えるような役割も果たすわけである。歌われるキャラクターの気持ちと相反する音楽をアンダースコアで提示するなど、内面描写としても使用される。

作曲の前提となる調性もドラマの中で意味を持つ。現在のミュージカルはポピュラー音楽一般と同様に、多くは調性音楽で書かれている。長調・短調という調性に基づく音楽であれば、その中に敢えて不協和音を使うことに意味が生じる。たとえば登場人物が正気を失った場面では、しばしば調性音楽からの逸脱としての不協和音が使われる。音楽によって正常な状態から外れている様子を表すのである。

このように、地域性・時代性・ジャンル様式・音楽語法など、音楽自体に付与された意味を利用する時、音楽の説明力が生かされ、観客へ伝達される情報量も増す。音楽はその場所や地域が分かるような舞台装置の一部にもなる。これは作曲家個人の思い付きでは機能しない。人々がすでに意味を知っている音楽的要素がミュージカルの中の至るところで敷かれ、ちりばめられ、言葉を介さずとも状況を説明しているのである。

②音楽による情景描写

ヨーロッパの音楽史では楽器によって情景を描写する試みが一七世紀頃から散見され始めた。代表的なのはヴィヴァルディの《四季》であるが、春のそよ風や鳥の鳴き声、雷鳴などが音響的に模倣されているのが分かる。これは歌詞を持たない器楽が独立し始めた時に協奏曲というジャンルで見られた表現である。この時期は歌詞（言葉）の助けを借りずに音楽が表現する方法を模索し始めていた。視覚的・聴覚的情景を音響で再現する例は、聴衆側がそのように受け取っているものも含めると、一八世紀後半のハイドンの《時計》《軍隊》などの愛称を持つ交響曲でもよく知られており、印象派の絵画と共に紹介されることの多い一九世紀末から二〇世紀のドビュッシーの音楽を思い浮かべることもできる。

音楽は、絵画と同じようには現実を視覚的に模写できないが、音響の模倣はある程度可能であり、それが劇音楽で用いられることも一般的である。朝の情景では、鳥の鳴き声や日の出を思わせる音楽が使われ、嵐の場面には激しく劇的な音楽が付けられる。

ミュージカルにおいて登場するキャラクターの特性に合わせた音楽付けを行った好例はやはりロイド＝ウェバーに見られる。とりわけ《キャッツ》にはそれが如実に表れている。この例については補遺で詳述するが、序曲からして猫の動きをそのまま音響化したような楽曲になっている。序曲や大ナンバーのような目立つ楽曲以外にも、情景描写の音楽が織り込まれることも多い。音楽は観客から強く意識されないような場面でも説明をしており、舞台の表現の一部になっているのである。

③序曲とオープニング・ナンバー

多くのミュージカルでは、序曲（オーバーチュア）あるいはオープニング・ナンバーの音楽自体が物語展開において重要な役割を果たしている。

もともとオペラでは、始まりを告げる器楽部分がシンフォニアとして置かれていた。当初それは物語に関わるようなものではなかった。序曲が本編の内容と深く関わるようになった例として特によく知られているのはウェーバーの《魔弾の射手》（一八二一年ベルリン初演）である。この頃から、音楽劇の序曲は本編で登場する楽曲の一部を先取りして紹介し、その後始まる物語との関連性を暗示するような特徴を持つことが多くなった。音楽によるこのイントロダクションは、その後の物語世界の雰囲気を知らせる舞台装置としての役割を担う。娯楽的なオペレッタの場合は、ヨーロッパでもアメリカでも、明るい雰囲気や気分を観客に味わわせる。また、本編のナンバーの断片をメドレーで先取りする序曲は現在の多くのミュージカルで見られる。それらは本編との関連を示すよりも、これから始まるワクワク感を高めるような役割を担うことが多い。

音楽のドラマ性が増した大規模なミュージカルでは、オープニング・ナンバーは様々な特徴を持つ。たとえば最初のアンサンブル・ナンバーによって、主役の人物について関係者たちが次々に証言するように歌うオープニングは一つのパターンとして確立している。《エリザベート》（一九九二年ウィーン初演、一九九六年日本初演）や《ハミルトン》（二〇一五年ブロードウェイ初演、二〇二〇年ディズニープラスで日本配信）がこのケースに当たる。いずれも歴史上の人物の生涯を綴る物語で、単に人物紹介をするだけではなく、関係者たちがその接点を通して物語のテーマやバックグラウンドを提示する。各キャラクターのソロが連なる形で始まるナンバーが、ソロから重唱となり、合唱となって声部を増やし、オープニング・ナンバーの最後には音響的増幅が緊張感を高め、提示された主題を後押ししながら本編に突入する。

作品を最初に印象づける序曲やオープニング・ナンバーが本編との関連を持つ場合、その役割は本編で展開される物語やテーマの予告であり、また物語の進行の中で再び想起されることを見越して作られている。それによって観客は作品の統一感や一貫性を感じるのである。

④音楽モチーフの関連づけ――リプライズ

あるメロディが別の場面で再登場することは、ミュージカルの中ではよく知られている技法で、それを表す「リプライズ」という用語もかなり一般化している。特に、日本での再演回数も多く人気も高い《レ・ミゼラブル》については、そのリプライズ構造を理解しているファンも一定数おり、専門書のみならず、ファンのブログなどでも詳細な分析が見られるほどである。

ミュージカルの手法としてのリプライズは、ロイド＝ウェバー作品に多用されていることから広く知られるようになった。耳に残る特徴的な旋律が、いくつかのナンバーで繰り返し歌詞やアレンジを変えて複数のキャラクターによって歌われるのである。リプライズは、人物や場面の記憶を後の場面で再喚起し、ミュージカルという長時間の作品に一貫した物語としてのまとまりを与える。ストーリーの伏線を回収するように、物語としての統一感を音楽面から支えるのである。リプライズは歌のナンバーと一体化していることが多いとはいえ、音楽的機能の面ではアンダースコアと似ている。

一九七〇年代以降のミュージカルに特徴的だと思われているこの手法は、オペラでは長い歴史を持っている。特にそれを理論化して戦略的に用いたのはヴァーグナーである。「ライトモチーフ」として知られる音楽モチーフの活用は、長時間にわたる壮大なドラマを統一する重要な技法であった。初期の映画音楽でも、映像によるドラマに統一性を与えるためにこの手法が使われた。現在ではゲーム音楽などでも活用されている。

ライトモチーフとは示導動機と訳されることもあるように、物語の要素を指し示し、方向づける音楽的モチーフのことである。しばしば特定のキャラクターに割り当てられた音楽モチーフという対応関係と誤解されているが、それはむしろベルリオーズの固定楽想（イデー・フィクス）と言った方がよい。ライトモチーフは固定楽想を発展させたものである。物語上重要な人物やアイテム、状況にモチーフを付与し、物語展開の中でアレンジしながら再利用する、あるいはその後の展開を予期させるために使うなど、かなり複雑に入り組んだ使い方をしてドラマを動かす。ヴァーグナーはまさに歌詞だけではなく音楽それ自体に語らせるためにこうした方法を用いた。

ミュージカルにおいても一九二七年初演の《ショウ・ボート》ではこの手法がシンプルな形で採用されていた。しかし小山内伸《おさないしん》が言うように、それ以後のブロードウェイ・ミュージカルではあまり使われず、一九七〇年代に再び目立って用いられるようになった。その契機となったのが、ロイド＝ウェバー作品の世界的ヒットなのである。

劇中で何度も再登場するいくつかの音楽的素材を複数のナンバーにちりばめるというリプライズの方法は、一九八〇年代のメガ・ミュージカルでも活用され、観衆もその手法に馴染んだ。《レ・ミゼラブル》はその例として最もよく知られる。この作品は一九八〇年にパリで初演されたが、世界的にヒットしたのは、プロデューサーとしてすでにロイド＝ウェバーとも協同していたマッキントッシュが大きく構成を変えた一九八五年のロンドン版である。パリ版にもロンドン版にも作曲家のクロード＝ミシェル・シェーンベルク（一九四四－　）は関わったのだが、重要な変更点は、プロローグ場面としてエピソードを加えたこと、そしてナンバーの追加と整理であった。その結果、複雑なリプライズが新たに加えられたのである。出来事を並べるだけのナンバーとは異なり、相互に関連づけられたナンバーが複数のキャラクターや場面に共有される構成はドラマとしての緊密さを増した。

リプライズに関して重要なのは、ミュージカルのどことどこで同じモチーフが使われているという事実をパズルゲームのように発見することではないし、聴き取れないほど細かいモチーフ関係を楽譜から掘り起こすことでもない。むしろ音楽モチーフの使い方が観客にどのような効果をもたらしてドラマ全体に寄与しているかを考察することで、そのミュージカルの構造がより深く理解できるだろう。

音楽モチーフの再登場は、物語の中で歌とアンダースコアとで複雑に絡み合い、観客の記憶と予期を刺激する。もちろん、観客はあらゆる音楽的意味をその場ですべて理解するわけではない。しかしモチーフが何度か登場するうちに、あるいは回数を観ることによって、また後で音源を聴くことによって、その楽曲の意味深さを知り、改めてその音楽ドラマを味わうことができるのである。リプライズ手法を駆使するメガ・ミュージカルは、前に出てきたメロディの記憶と共にストーリーを追い、またモチーフから物語の展開を予期するというような、能動的な鑑賞態度を観客に求めている。

以上、ミュージカルにおける「音楽」の主な役割を挙げたが、これは劇伴音楽にも共通して見られる。映画研究ではすでに音楽研究がかなり蓄積されているため、今後はその知見をミュージカルに応用した考察も進むだろう。しかし同時に、映画音楽とも劇伴音楽とも異なるミュージカル音楽の特徴を忘れてはならない。それは登場人物自身が「歌う」ことである。

台詞・歌の統合とアンダースコア

ブロードウェイの黄金時代を彩る作品群の価値は「統合」という言葉で象徴的に表現されていた。脚本と台詞とナンバーがまとまりを持って作られる作品こそミュージカルだという立場である。しかしそもそも、物語・台詞・音楽のどの要素をどのように結び付ければ統合と見なせるのかという理論的な明確さには欠けている。特定の作品の具体例を分析すれば「ここが関連づけられている」と指摘できるかもしれない。しかし、それらはたいてい作者の個人的な手腕によるものであって、方法論と見なすのは難しい。

しかし音楽の次元においては「統合」は理論化されており、音楽要素間の関連は楽譜上である程度客観的に示すことができる。というのも、音楽には、音型・リズム・拍・和声などによって特徴づけられた部分に区切って、そのモチーフの変奏や展開を音響的にも楽譜上でも説明でき、モチーフ同士の関連性を明示できるからである。それらは数百年来、作曲技法として理論化されてきたもので、作曲家は既知の技法に独自の表現を加えて楽曲を作る。歌詞の次元で関連性がなくとも、音楽だけで部分間の関連性を示すことは容易にできる。ミュージカルは「ことば」なしでも音楽によって強力に統合できるのである。

一九七〇年代以降のミュージカルで音楽の存在感が増したのは、単に新しいテクノロジーによる大音量化によるものではなく、ナンバーとして独立した楽曲以外でも常に音楽が――アンダースコアが雄弁に語っているからである。

その結果、歌の前奏や間奏、後奏は柔軟に自由になり、長くなり、それ自体で意味を持つようにもなった。ミュージカルのナンバーはかつてよく見られたような、台詞による対話が終わった後に突然前奏が始まって歌に入るというタイプではなくなる。台詞による対話が続いている最中から映画の背景音楽のように鳴り始め、徐々にその音楽が音量を増して声に近寄り、台詞による対話が盛り上がるところに合わせて歌を始められるように準備をする。言い換えれば、台詞から自然に歌に接続できるように背後から徐々に前面に迫ってくるのである（短い器楽モチーフの反復で台詞や対話が終わるのを待つヴァンプの手法とは異なる）。演者は音楽の進行を十分に聴きながら台詞の間合いを取って感情的盛り上がりのタイミングを合わせる。あるいはまた、歌の一番が終わったところで間奏になると、それを背景に再び台詞による対話が挿入され、そしてまた間奏が音量を増すと歌に合流する、という流れのナンバーは、現在では珍しくはなくなった。台詞の間にもアンダースコアが常に鳴っているからこそ、音楽は途切れず、台詞が歌に変わっても違和感が少なくなる。まるで一つの歌の中で歌のパートと語りのパートがあるかのように、言葉は自在にメロディに乗ったり降りたりするのである。一曲の歌の中で、一部の歌詞を語りに変えていると言ってもよいが、台詞であれ歌であれ、一連の対話が切れ目なく続けば、「突然歌う」ようには感じさせなくなる。

第1章で述べたように、台詞世界のリアリティと歌われる世界のリアリティがあるとして、その混在のせいで「段差」を感じることが「突然歌いだす」ことの違和感であるとすれば、雄弁なアンダースコアは、二つのリアリティを大きな波のように飲み込んで融合する。物語世界内の「台詞」と、非物語世界の音楽である「アンダースコア」と、歌詞と旋律・伴奏によって両世界に属する「歌」という三つの次元を繋ぐのが音楽である。歌の器楽部分は単なる伴奏として主旋律たる歌を支えるのではなく、言葉を非物語世界の音楽へと引き寄せ、異なるリアリティ世界を結び付ける。

映画では、いかに音楽が感情的な盛り上がりを作ったとしても、その最高潮で台詞が歌になることはない。映画やドラマでは、音楽と台詞とは徹底して別次元を保っているのである。しかしミュージカルで両者はアンダースコアと合流し融合する。これが劇伴音楽とミュージカル音楽との違いと言えよう。

ミュージカルのアンダースコアは伴奏の枠に収まらず、黙ってはいないのである。つまりこれはもはや「台詞の邪魔をしないアンダースコア」の元々の領分を超えている。BGMのように台詞の背後にあったはずのインストゥルメンタル楽曲が、メインである歌と同じ前面にまで進出する。これは「音楽が存在感を増した」一つの表れであろう。先に触れたように、音楽を背景に登場人物の一方が歌い、他方が語る、その後逆転するというような対話が、台詞と歌のスイッチで構成されるような例もある。それもまた、時に前面に出てはまた声の背後に退くように、音楽が柔軟な形で土台を支えるのである。ドラマの中に組み込まれたナンバーは、歌と台詞とアンダースコアの〝糸〟がそれぞれ自在に絡み合いながら出来上がっている。その絡み合いはサウンドの重層性の問題に関わる。

重層的サウンドの説明力――現代版コロスとしてのアンサンブル

ミュージカルについてよく指摘されるリプライズは、基本的に時間軸に沿った線的な機能である。つまり、先に登場した音楽モチーフと後に登場したものとの関連性がもたらす効果であった。しかしミュージカルにおける音楽の役割は、線的なものだけにとどまらない。もう一つ注目したい音楽的効果は、重層性――つまり同時に発せられる音響である。ここではそれを、声部の重なりが生み出す総体という意味でのテクスチュアと表現しておこう。声や楽器のそれぞれの声部が糸だとすれば、テクスチュアとは、それらの糸が編まれた束である。ミュージカルについて音楽が話題になる場合、通常は線的な関係が語られるが、音楽と音響のドラマ的な効果は声や音の重なり自体にもある。

音の重なりを考察するにあたって、アンサンブルの合唱に目を向けよう。アンサンブルのメンバーは小さな役を単独で演じることもある一方で、匿名の人々を合唱や群舞で表現する。それはギリシャ悲劇に出てくるコロスの役割と似ている。ミュージカルのアンサンブルを現代版コロスと呼んでもよいだろう。

アンサンブルはまず、プリンシパルの独唱に声を重ねて華やかさを演出する。この場合の合唱の役割は、音響的な増幅である。マイクのない時代には特に、個人の声を音量的に補強する役割も果たした。あるいは初期のミュージカル・コメディやレヴューのコーラスガールのように、舞台にビジュアル的な華を添える場合もある。

音楽が存在感を増す七〇年代以降のミュージカルでは、そのアンサンブルの合唱もまた大きな役割を果たすこととなった。アンサンブルが担当する歌詞ではなく、合唱集団の声の厚み、サウンドの分厚さ自体が意味を持つのである。オーケストラによるアンダースコアが前面に出てストーリーを語るのと同様に、合唱も独唱に従属するだけではなく、ドラマの中で自律的に振る舞うような作品が出てきた。

元来、コロスたる合唱が音楽劇で担うキャラクターは、主要な人物の周囲に控える臣下たち、使用人たち、客たちであり、または社会に存在する無名の民衆・群衆であった。固有の名前を持たない集団は何者にもなれる。一人一人の声は個性を持つが、合唱では声の個性が薄れる。単独の声ならば誰の声かを識別できても、合唱となるとその特定は難しいことを、私たちは経験的に知っている。合唱アンサンブルは声自体に個性を持たないがゆえに、無名ののどの集団にもなりえるのである。

第5章で述べたようにメガ・ミュージカルの主な特徴には、歴史や伝説に基づく壮大なドラマと普遍的なテーマが挙げられる。こうした題材と合唱の機能とは相性が良い。プリンシパルの声がかき消されるくらいの民衆の声や、天使や精霊のような非現実の者の声も表現できるからである。反対に、現代アメリカという身近な社会に目を向けてリアリズムを追求した黄金時代のブロードウェイ・ミュージカルでは、アンサンブルの集団の声はそこまでの規模を表現する必要がなかった。合唱は匿名ではあっても、表現するのはコミュニティに存在する範囲の人々の声なのである。

一九七〇年代以降、アンサンブルが物語内で担う重要性は増した。さらに音量的にも、シンフォニックかつロックの電気的サウンドに匹敵する存在感を持つようになったのである。こうした傾向は、一九世紀のヴェルディやプッチーニのオペラで活用された合唱とも似ている。ロマン主義的な大仰なオペラでは、大合唱もまた舞台上のスペクタクルとして存在し、ドラマの進行に音響的パワーを与えていた。

アンサンブルの存在感が増して、プリンシパルと同等に民衆や群衆がドラマを動かす作品も生み出された。民衆が神と祀り上げたかと思えば掌《てのひら》を返してイエスの処刑を望む《ジーザス・クライスト・スーパースター》、愛国的で善良な民衆の処罰感情の熱狂が冤罪《えんざい》判決を促す《パレード》（一九九八年ブロードウェイ初演、二〇一七年日本初演）、困窮した町の住民が多額の寄付金と引き換えに「民主的に」一人の人間の死を正当化する《貴婦人の訪問》（二〇一四年ウィーン初演、二〇一五年日本初演）などでは、匿名の群衆の移ろいやすさと残酷さをアンサンブルが体現しており、それはそのまま現代社会批判としてストレートに示される。これらの作品では、アンサンブルが個人の無力さを浮かび上がらせるほどに実質的にドラマを主導している。

力強いアンサンブルがもたらす効果は、典型的には物語の混乱場面で発揮される。主人公を群衆が激しく責め立てる場面や、革命のような動乱の場面、神々や故人たちの声に包まれるクライマックスの効果などである。音響システムが整備されるようになってからは、個々の演者の声だけではなくアンサンブルの大音量もそれ自体でドラマチックな緊張感を与えた。たとえばソロの台詞や歌で綴られてきた物語は、大合唱に移行することで、舞台上に音響的な奥行を演出するのである。独唱・重唱・合唱の柔軟で複雑な使い分けは音楽のテクスチュアに変化をもたらし、音響空間の立体性を際立たせる。これは声のドラマトゥルギーと言ってもよいだろう。

合唱は高音主体に天から降り注ぐような声を表現することも、低音主体に土台から力強く舞台を支え、その上にプリンシパルの歌声を強調することもできる。個人の登場人物の意に反する大衆の動きを合唱が表現する時には、その声が劇場中に満ちることによって——あたかも観客もその一部であるかのように——場面が大衆に支配されていることを表す。たとえ傑出した演者が力の限り歌っても、ソロではこの厚みを実現できない。匿名の集団の声だからこそ生み出せる効果である。その迫力は《レ・ミゼラブル》を思い浮かべれば分かるだろう。大規模なミュージカルにおいて、アンサンブルはもはや単にその他大勢の登場人物なのではなく、むしろストーリー上不可欠な役割を担っているのである。

数によるパワーを持つ合唱は、個人の声を普遍化・公共化することもできる。主要なキャラクターが個人の思いとして歌い始めた内容を、その歌の後半にアンサンブルが声を重ねるか引き継ぐことによって、その個人の思いはより多くの人々に広がったことが示される——同じ旋律を別のキャラクターや集団が歌うことによって感情を共有するということも、ミュージカルの歌の機能である。主人公が英雄的アクションを起こそうとする時に、合唱が呼応して声を重ねれば、その思いが多くの人に賛同され、その意思や空気が伝播《でんぱ》したことを表現できるのである。それは個人の思いが公共空間に拡張したことを一曲で表せるということでもあり、独唱と合唱はそれぞれ個人の内面と社会とを反映する。このように集団の声で公共性を表現することこそギリシャ悲劇のコロスの役割であった。独唱と合唱が掛け合いながらその気分を増幅させるナンバーは、歌詞の内容だけではなくそのサウンドの緊迫感によっても物語を先に進める。

反対に、独唱と合唱が対立を表現することもある。個人のキャラクターが歌の中で自問自答することは、もちろん独唱でも可能である。しかし観念的な集団の声をアンサンブルが担うことによって、一人の人間の声と社会の声、あるいは非実在の声、仮想敵の声との関係として舞台上に明示することができる。しばしばそれはソロと合唱の掛け合いで表現されるが、その対立を可聴化することによってドラマの緊迫感を表す。コール&レスポンスとして知られるこの歌の形態は、歌詞の言葉以上にサウンドのドラマとして声の対立や増幅といった効果を発揮する。

さらに、様々なキャラクターの声を統合するのも合唱や重唱の役割である。ミュージカルの登場人物たちは、旋律を共有して声を合わせることによって、離れた場所にいる者同士でも、異なる時間の中にいる者同士でも、同じ思いを表現することができるのである。多様な登場人物のそれぞれの事情を包含しつつ音楽として一つに統合されている例は、補遺でも述べるように、《レ・ミゼラブル》の「ワン・デイ・モア」である。この手法はしばしば幕を閉じるフィナーレなどの大ナンバーで使われ、メイン・ストーリーもサブ・ストーリーも一つにまとめてドラマのクライマックスを形成するのである。

独唱・重唱・合唱・アンダースコアが織りなす同時性、重層性、多声性もまた、現代のミュージカルの音楽的な意義であろう。ミュージカルは台詞と歌が交替する単線で成り立つものではない。線と厚みによる立体的なサウンドがドラマを複層的に構築し、別々のリアリティ世界を繫ぐのである。それは音楽が得意とする領分である。

劇音楽の自立

メガ・ミュージカル以後のミュージカルがすべてこのような音楽を持っているわけではない。しかし音楽の重要度は確実に増している。音楽的要素がドラマの統合や一貫性を担っているのだとすれば、それはブロードウェイの演劇界が黄金期に見出していたような「統合」とは違うかもしれない。それどころか、物語が音楽側の論理に引き込まれ、ミュージカルの主導権が言葉よりも音楽にあるかのような印象を与えかねない。ミュージカルはあくまで演劇の一ジャンルであり、土台にあるのは台本であるという立場からすれば、ある種の危機感が芽生えるのも無理はない。しばしばミュージカルの「オペラ化」に反対する声が聞かれるのも、その表れと言えよう。しかしそんな懸念をよそに、音楽が作品の人気を左右する例は次々に登場している。中には台本が弱い作品もあるが、それらが商業的にヒットしている以上、その音楽の存在を無視することはできないだろう。

ミュージカル音楽の人気を表す現象は、ミュージカル・コンサートの増加である。ミュージカルはもともと、断片的なナンバーのポピュラリティによって支えられてきたジャンルであり、ナンバーがコンサートで歌われること自体は昔からあった。だが、近年のコンサートはそれとは異なる様相を呈している。

《ジーザス・クライスト・スーパースター》の初演当時から、ミュージカルをコンサート形式で上演することがあった。この作品が、アルバム先行リリースで上演されたことからすれば、ミュージカル上演とは別にコンサートが開催されたことは特に驚くにはあたらない。現在では、ヨーロッパ各地でイースターの時期などにこの作品の大規模なコンサートが開かれている。イースターの時期とはいっても宗教的儀式とは無関係のイベントとして行われ、会場も演出もほとんど音楽ライヴとなっており、数万人規模の観客を集めることが一般的である。また、《レ・ミゼラブル》では一〇周年、二五周年コンサートが行われ、そこに世界中のジャン・バルジャン役者が集められる演出もあった。

今では、有名になったナンバーを取り出すかつてのような形態だけではなく、ほぼ全編をコンサート形式で上演するという受容が広がっているのである。

この現象は、ディズニー映画音楽のコンサートやゲーム音楽のコンサートがクラシックのオーケストラ楽団の演奏会として成立していることと軌を一にする。本来の作品から取り出された音楽が、それだけを集めたプログラムでコンサートを構成しうるほど受容されているということである。特定のナンバーだけがポピュラーソングとして出回る以前の形とは異なり、まとまりとしてミュージカル音楽が愛好されるようになっている。これはコンテンツ受容とは別に音楽が自立して商品化されていることを示す好例であろう。

終　章　ポピュラー文化としてのミュージカル

新しい歌声と表現

ミュージカルの台詞と歌を自然に繋げて一貫した物語の流れを実現するのは、前章で述べた音楽と音響の構造だけではない。最後にミュージカル俳優の歌声の変化に触れておこう。これはミュージカル作品自体に関わるというよりも、パフォーマンスに関わる視点である。

二〇世紀半ばまでのミュージカルに使われる歌声は、オペレッタ的なクラシックに近い発声か、ジャズなどのポピュラー音楽で使われる地声であった。黄金期の名作とされている作品では、ヒロインは裏声を使うことが多い。それは古き良きアメリカ版オペレッタによくあった歌声である。オペラ歌手ほどの技巧は必要とされず、無理のない音域で素朴さの感じられる歌声、だからこそ歌詞が聞き取りやすい声である。

一九六〇年代以降にロック・サウンドが導入された頃、ミュージカルの歌声にも変化があった。それはまず《ヘアー》、そして決定的には《ジーザス・クライスト・スーパースター》に見られる。イエスとユダのナンバーにはそれぞれ絶叫する箇所がある。歌い手の表現によってどの程度の絶叫かは異なるだろうが、おそらくこれも当初は「うるさい」と感じられた新しいサウンドだろう。それは六〇年代のロック・コンサートでは一般的になっていた歌唱法である。ロック・ミュージカルによってシャウトなどの表現が劇場の中に登場した。これはミュージカルで使われる「声」の種類が増えたということでもある。歌詞を自然に聞かせることが第一に求められるはずの演劇ジャンルの中に、声をわざと歪《ひず》ませる表現法が入ってきたことが示すのは、ミュージカルが激しい感情の爆発を含むようなドラマを作り始めたということである。ロック歌唱だから絶叫するのではない。ロック的な絶唱が適しているような場面を持つ音楽ドラマが生まれたのである。メガ・ミュージカルに多く見られた壮大な題材も、こうした声の表現に関わっている。

音楽の存在感が増したミュージカルで演者に求められる歌唱力は、声量だけではなく、表現力の面でも高まってきた。日本では単に「歌える」という一般的な評だけで、ミュージカルで演じられると判断されることがある。しかしミュージカルに必要な歌唱力は、現在ではかなり高度化しており、どのようなスタイルで、どのような声で、どのように表現できるかが問われるようになってきている。

演目によって俳優は時にオペラのような歌唱を求められ、時にフォークや、ロック、ポップスのような、そして最近ではヒップホップの様式に応じた歌唱法が求められる。そこには相応の声質と発声も含まれる。たとえばブロードウェイのオーディションでは、作品や役柄に応じて歌唱スタイルや声質の要件が明示されている。近年の新作に求められる声の多くは「ロック／ポップ歌唱」であり、「クラシック」の裏声発声は《オペラ座の怪人》の歌姫クリスティーヌ役など、かなり限られている。現在では一般的に、ポップスでよく聴くような地声かミックス・ボイスの声、要するに中低音から高音まで声質を（地声から裏声へ）変えずに歌える声が求められる。

クラシックのような裏声と、地声に聴こえるミックス・ボイスはそれぞれ、物語によってはキャラクターの階級に結び付いていることもある。上流・中流階級のお嬢様にはクラシック歌唱、下町の貧しい女には地声かミックス・ボイスが当てられる例がしばしば見られる。その典型例は《レ・ミゼラブル》のコゼットとエポニーヌで、育った環境の異なる二人の少女の対比が発声法にも楽曲の様式にも反映されている。この使い分けは習慣の問題でもあるが、現在のところ、この発声の割り当てが逆になることはない。男声でも、父性を表す深みのあるクラシック発声があり、若い青年の輝かしい地声発声もある。ミュージカル歌唱が表象するのは声の高さだけではなく、声質と発声法自体が表現となる。そしてそれが作品や役柄に応じて求められるのである。

地声やミックス・ボイスは台詞を語る声に近い。だからこそ普通の話し声に近い歌声で台詞と歌の境目を曖昧にするような歌唱も可能になるのである。アンダースコアを軸とする音楽の存在感が台詞と歌の境目を不明瞭にしたのに加えて、歌う演者自身がその声を使ってそれを目指す。現場には「語るように歌い、歌うように語る」俳優が出てくるようになった(言うまでもなく、歌えないから語りで済ませるという話ではない)。

語りと歌が混在するような歌唱はもともと、マイクのない時代のヴォードヴィルでも見られた。黄金期のミュージカルにも、歌が得意ではない俳優向けに書かれた作品では、語りの要素の多いソングが書かれた。この点を振り返れば「語るように歌う」こと自体は新しい現象ではない。しかし、マイクとアンプによる大音量が可能になり、様々な声質を表現として使うようになった後、そこから改めて繊細な表情が追求されるようになったのである。それはたいてい演者個人が自発的に生み出した表現力で、共有されたメソッドではない。しかし徐々に、語りと歌のスイッチを自在に切り換えながら自然に聴かせられる表現がミュージカルの理想的な歌い方として多くの人に共有され始めている。

今のミュージカル俳優は、歌いながら笑い、泣き、怒り、叫び、苦悩し、囁き、ため息をつける歌唱力が求められる。歌の中であらゆる感情を表現するのはオペラも同じである。しかしオペラがクラシックの様式化された声ですべてを表現するのに対して、ミュージカルは様々な発声法を使って表現する。そうすると、歌ってはいても台詞による自然な演技に近くなる。地声のように聞こえる高音の歌声としては、ミックス・ボイスと、特に強い地声と言われるベルティングがあるが、これらは裏声で歌うよりも切迫感・悲壮感を出すことができる。たとえば《レ・ミゼラブル》でエポニーヌが孤独を歌う「オン・マイ・オウン」のクライマックスの「幸せの世界に縁などない」で伸ばす最高音が、裏声で歌われた場合と地声で歌われた場合とでは、観客に伝わるインパクトは大きく異なるだろう。

起伏のある感情はすべて「声として」オーケストラなどの楽器群に負けることなく、客席の最後列にまで届けられなければならない——絶叫だけではなく、ピアニッシモの細い呟《つぶや》きであっても、一番後ろの観客に届かなければ意味を持たない。それが歌唱による演技であり、そのためには声をコントロールする技量が必須となる。

多彩な歌声による表現はまた、台詞にも変化をもたらす。歌への自然な移行を可能にするような台詞の美しい抑揚、歌のような抑揚も編み出される。作品に台詞部分と歌唱部分があるからといって、現在の演者はそれらを「歌は歌、台詞は台詞」として分けて考えるのではなく、歌も台詞もシームレスに表現しようと努めている。日本のミュージカル界で表現力を持つ俳優たちは、たとえば歌っているナンバーの歌詞を、旋律に乗せずに語ったとしても違和感のない台詞力を披露できるだろうし、台詞自体を音楽のような抑揚で響かせることができるだろう。

このように、歌と台詞の「段差」を感じさせない工夫は、作者側だけではなく、演者によっても進められている。そして客席で観劇するミュージカルファンの間にも広まってきた。俳優を賞賛する際に、「語るように歌い、歌うように語る」ことに言及するコメントを目にすることも多くなった。観客もまた、より自然に繋がった歌と台詞が構築する物語世界を感じようとしているということだろう。つまりミュージカルの観客は、コンサートのように歌だけを独立に聴こうとしているのではなく、台詞劇を観に来ているのでもなく、歌声に乗った芝居を求めているのだ。

台詞と歌の移行を滑らかにすることはブロードウェイでも長らく意識されてきたことではあるが、日本でもそうした意識が芽生えてきた背景には、海外ミュージカルに対する日本語の訳詞が成熟してきたこともあると思われる。

かつて日本の歌謡曲は基本的に音符一個に一文字を当てることによって作詞されていた。母音を基準に作られていた七〇年代の歌謡曲の歌詞はかなり聞き取りやすかったのだが、一九八〇年代、そして特に九〇年代にJ-POPという名称が一般化する中で「歌詞が聞こえなくなった」という声が上がるようになった。それは洋楽の影響を受けた楽曲が音符と音節の関係を複雑かつ柔軟にしたことにも依っている。ポピュラー音楽は、歌詞の音節と音符との固定的な関係を解放し、電気楽器と電子楽器はそれぞれ発達して様々な音を楽曲に盛り込むようになり、ドラムによるリズム・サウンドも活躍するようになった。歌はその分厚いサウンドの中に埋もれていく。ヴォーカルもまた、主役というよりはその一部として楽曲を構成するようになった。

ミュージカルの場合は劇場で歌詞を伝えることが最優先となるため、ポップスと全く同じではない。しかしミュージカルの歌が楽器の音楽と重層的に絡むようになるにつれ、その訳詞も音節と音符を軸とする「歌＋伴奏」の関係ではなく、台詞から歌へのシームレスな表現を開拓するようになってきている。単に言語を翻訳するのではなく、音符と音節の制限の中、旋律に乗った歌としてふさわしい訳語を選び、日本語としての語感と音楽的特徴とのバランスを確認するなど、歌詞の翻訳もますます複雑な作業を必要とするようになった。今やミュージカルの翻訳・訳語と音楽の問題も、舞台上の効果を左右するような大きな役割を担っている。オーセンティックな演奏を理想とするオペラが原語上演を慣習としているのに対し、現地語上演を基本とするミュージカルにとって、訳詞は重要な課題であると共に、ローカライゼーションにおける新たな創造の契機ともなるだろう。

ナンバーの商業的意義

このように、ストーリーを重視するミュージカルでは、歌と台詞の境界を曖昧にする動きが多方面に見られる。しかしながら他方で、ミュージカルがほとんどミュージカル・コメディであった時代と同じように、取り出し可能でヒットするナンバーは今なお重要である。

独立したナンバーは、物語の一貫した流れの中ではしばしば唐突に登場する。ショー要素を含む楽しくハッピーなミュージカルでは、その唐突さもスタイルとして定着している。昔のミュージカル・コメディの系統がこのタイプだろう。「突然歌いだす」ことが「ちょっと変だ」と感じられても、明るいミュージカルではそれも織り込み済みで受容されている。物語内で少々のトラブルがあっても、キャラクターたちが歌って踊るとなぜか解決したようなことになっている展開も珍しくはない。それが主題歌的な位置づけで場面が盛り上がれば客席も喜ぶ。

しかしこのようなコメディ系ミュージカルだけではなく、一貫したストーリーや緊密なドラマを重視するタイプのミュージカルであっても、「取り出し可能な」歌のナンバーは重要である。もちろんそれは商業的な理由であるため、個々のナンバーのヒットを望まないソンドハイムのような作曲家もいるだろうし、また商業性よりも芸術性を追求するオフ・ブロードウェイのミュージカルにとっても必要ではない。

それでも一般的には作品自体に興味を持ってもらうためのきっかけ、つまり「フック」となるナンバーは、プロモーションにおいて重要な役割を果たす。ドラマや映画における主題歌と同様、その作品といえばこの歌と思い浮かぶようなナンバーである。歌がヒットしてもミュージカル作品自体は興行的にヒットしないケースがあるにせよ、数分の短いヒットソングはそのミュージカル、映画、その他のドラマを商業的に牽引《けんいん》するのである。

ミュージカルの一つのナンバーが圧倒的な普及率をもって作品自体を広めた例として思い浮かぶのは、『アナと雪の女王』（日本での公開二〇一四年）であろう。日本でも大ブームとなったミュージカル映画で、映画を観ていない人々の間でも、「ありのままに」というナンバーは様々なメディアを通して有名になった。子供から大人まで、「レリゴー」という通称が流行るほど耳に馴染んでおり、その歌のヒットがまたリピーターを含め映画の動員数増加を後押しした。取り出せるナンバーのヒットはそれほどに大きな力を持つのである。このような商業的な効果を見越した取り出し可能なナンバーは、劇中では唐突に始まることもある。それを、物語の中でいかに自然に感じさせるかは、前章で述べたようなアンダースコアを含めた音楽の使い方次第になるだろう。

一方でミュージカルの中では、そもそも緻密なドラマを持たないものも多々生み出されている。歌と台詞の溝を埋めようとしないタイプのミュージカルである。

英米圏にはまだ大きな影響力を持っていないというのに、日本ではお馴染みとなったフランス産ミュージカルには、その傾向がある。《ロミオとジュリエット》(二〇〇一年パリ初演、二〇一〇年日本初演)や《1789——バスティーユの恋人たち》(二〇一二年パリ初演、二〇一五年日本初演)が人気演目として再演を重ねているが、これらのフランス・ミュージカルは、ドラマとして全体を統一する志向性をあまり持たない。むしろ独立したポップスをストーリー仕立てに並べたコンセプト・アルバムのような作りである。日本版では演出家がナンバーの合間に台詞や説明場面を追加して、物語として成立するよう組み立てていることが多い。そのような演出にして物語を繋げようとしても、台詞の直後にナンバーの前奏が一から始まるなど、「突然歌い出す」印象を受けることがある。

また、独立したヒットソングを軸にしてミュージカルに仕立てる新作も生み出されている。いわゆるジュークボックス・ミュージカルあるいはカタログ・ミュージカルと呼ばれているものである。一九七〇年代からその例がなかったわけではないのだが、特にこのタイプが目立つようになったのは、《マンマ・ミーア!》(一九九九年ロンドン初演、二〇〇二年日本初演)が大ヒットして以降である。

この作品はまずスウェーデンのポップグループABBAの既存楽曲を並べることに主眼があり、その楽曲にうまく合うようにストーリーを後付けしたもので、ナンバーありきのミュージカルと言える。しかもそのナンバーはすでに数十年前から世界的にヒットしており、誰もが知っているほどに親しみのある曲で、当然愛好者も多い。観客はストーリーが何であれ、その楽曲を聴きに劇場に来る――観客にとって若い時代を思い出す懐かしいメロディであればなおさらである（この場合はオリジナルの歌声は期待されない）。作中に登場する「ダンシング・クイーン」（一九七六年）は世代も地域も超えて最も愛されている楽曲だろう。これが登場する場面を観客たちは待っているのである。《マンマ・ミーア！》は既存の独立した歌と後付けのストーリーがうまく合致した幸福な例だと言えよう。

著名なアーティストの楽曲をストーリーに沿って並べる手法のジュークボックス・ミュージカルはいくつも生み出されたが、必ずしも大ヒットに繋がるわけではない。このタイプは、ストーリーよりもむしろ観客が聴きたい音楽を提示するという商業性に振り切った演目である。製作費が高騰を続けるミュージカルは、より安全な興行を見越して既存のヒット曲を使うジュークボックスタイプを選択することが多くなってきている。そうなると、新作であっても、ストーリーと音楽の有機的な統合はそもそも重視されていないということになる。

このように、全体の統合性、一貫性がドラマとして理想視されてきた流れがある一方で、その価値観を共有しない作品もまた、「ミュージカル」として大ヒットしている。それは四〇年代から六〇年代までの黄金期にも、「統合」ミュージカルばかりではなく、ミュージカル・コメディアやレヴュータイプの演目が作られ続けていた状況と同じであろう。あるタイプがヒットしたり、あるタイプが規範と見なされたりすることがあっても、ミュージカルというジャンルは一つの形態に固定化することなく、常に様々なバリエーションを伴って多様性と変化を享受してきた。スウェインが言うように、これは「生きた伝統」なのである。

ミュージカルの可変性と不変性

本書では、はじめからミュージカルの持つ商業性を重視し、ポピュラー・カルチャーであることを強調してきた。それは常に興行的成功のために観客動員が要件だということであり、同時に流行や新しいテクノロジーに対してかなり柔軟であったことも意味する。だからこそミュージカルとは常に可変的なジャンルなのである。ミュージカルの発展過程において、ブロードウェイの劇場界がミュージカルのオペラ化やシネマ化を警戒したこともあったが、そもそもポピュラー文化とは、流行を取り入れ、自在に形を変えて生き延びるものである。《ハミルトン》の大ヒットは音楽界のヒップホップ人気と地続きである。一八世紀のアメリカを舞台に歴史上の偉人の生涯を扱うコスチュームものでありながら、音楽的には二一世紀のラップの要素も含むそのサウンドは、ミュージカルにおいて新しい試みであった。しかし視点を変えてみると、そのラップの役割自体は一七世紀オペラのレチタティーヴォの語りにも似ている。かと思えば、言葉のリズムを重視するかつてのレチタティーヴォに比べて、ラップを支配しているのは韻律ではなく拍節（ビート）であって、やはり昔のレチタティーヴォとは異なる。そしてこの「ラップ・ミュージカル」も、ラップのみで成立するわけではなく、様々な伝統的な手法や様式を存分に活用している。これはロックが導入された時と同様である。ラップ自体は似たサウンドになってしまうため、背後に流れる器楽部分がより重要になる。その器楽部分がナンバーの個性を表現し、アンダースコアとしても機能する。たいていは調性音楽で旋律も覚えやすい、ポップスの響きである。このようにポピュラー文化は、最先端の流行と、伝統的な手法とを自在に組み合わせることに躊躇《ちゅうちょ》がない。

　ミュージカルは常に新しいテクノロジーとも結びついてきた。マイクやアンプ、そしてサウンド・デザインの技術だけではなく、スペクタクルにおいても同様である。メガ・ミュージカルの特徴の一つとして指摘されるのが、《レ・ミゼラブル》のバリケード、《ミス・サイゴン》のヘリコプター、《オペラ座の怪人》のシャンデリアといった象徴的な大道具である。それは見どころの一つとなっている。こうした視覚的刺激を強烈にもたらすスペクタクルを、たとえば『ドラマとしてのミュージカル』のマクミリンは批判する。視覚・聴覚的刺激が脚本の弱さをごまかすために使われていると考えるからである。しかしそうしたスペクタクルもポピュラー文化としてのミュージカルの創造的表現なのであり、今後も新しいテクノロジーを有効に使った作品は次々に生まれてくるだろう。

輸入ミュージカルがこれほど隆盛している一方で、なかなか影響力のあるオリジナル作品が日本では生まれないことを嘆く声がしばしば聞こえていた。その際に制作者側から挙がるのはたいてい、日本で扱えるテーマの限界、ミュージカル文化の成熟度、予算や時間の問題などで、音楽への言及にはほとんど出会わない。それに対して、演者や観客の側がミュージカルの魅力として挙げるのは、第一に音楽であることが多い。世界的にヒットしているミュージカルはしばしば作曲家名と共に流通しており、作曲家名がそれ自体で広告になることも少なくない。日本では、ロイド＝ウェバー、フランク・ワイルドホーン（一九五八－　）、シルヴェスター・リーヴァイ（一九四五－　）と聞けば、まずまちがいなくミュージカルファンは興味を持つだろう。ミュージカル受容層における作曲家名への感度はかなり高い。しかし日本のオリジナル制作陣は、意欲的な作品を新たに制作しても、そのプロモーションを見る限り、海外と比べて作曲家の位置づけ方が弱いようにも見える。海外の有名作曲家を起用したもの以外、誰が作曲者かを目立つように宣伝していない。

当然のことながら日本にも優れた劇音楽作曲家は大勢いるのだが、どちらかといえばゲームやアニメといった業界での活躍が目立つ。ゲームやアニメの広告では作曲家名が表立って宣伝され、それがコンテンツの期待や評価にも直結する。「誰が」音楽を担当したかは興味を引く情報なのだ。ゲーム音楽やアニメ音楽だけでオーケストラ・コンサートが成立している例の多さも、その人気を物語っている。これらの業界のファンは、コンテンツとは別に音楽だけで受容する文化をすでに作り上げているのである。ミュージカルもこれらの分野と似た受容パターンを取るだろう。

二〇二〇年のコロナ禍において、ライヴ・エンターテインメントが数ヵ月間中断し、代わりにライヴ配信の方法を模索した時に、輸入ものに頼るミュージカル業界の弱さが露呈した。劇団四季をはじめ、ライヴ・エンターテインメント業界は国内コンテンツの重要性を再認識し、改めてオリジナル作品に意識を向け始めたように思われる。日本のオリジナル・ミュージカルの発信は、以前から散見されてはいたのだが、特に実践し続けてきたのは、所謂《いわゆる》「2・5次元ミュージカル」の業界である。

「2・5次元ミュージカル」という名称は二〇一四年頃から広まったが、その流れに火をつけた成功例は二〇〇三年に始まった《テニスの王子様》である。漫画やアニメの2次元的世界を生身の人間（3次元の存在）で演じることから、2・5次元という名称が生み出された。それがミュージカルという形を取ったのは、2次元コンテンツを舞台上で歌・台詞・ダンスによって翻案したからである。とはいえ、当初はまだ予算的にも簡素な舞台で、舞台上で映像テクノロジーを駆使しつつアニメのキャラクターを演じる俳優が歌って踊る舞台だった。それが大人気ジャンルとなったのは、第一に漫画・アニメファンがそのステージに夢中になるほど、原作世界、特にキャラクターの再現に成功していたからである。2次元作品の3次元での再現性への注目は日本のアニメやゲームが「実写化」される際に必ずといってよいほど見られる反応で、原作のビジュアル再現度がかなり重視されるのが日本のサブ・カルチャーの特性だろう。

人気がますます増大する2・5次元ミュージカルに対して、既存のミュージカル界が向ける視線は、はじめはそれほど温かいものではなかった。しかし《テニスの王子様》の大ヒットは、若い男性俳優の人気＝動員力を生み出した。2次元のキャラクターを再現するには、まだイメージの付いていない無名の若手俳優の方が適していた。そのため経験不足のケースも見られたが、ビジュアルの良さとファンの多さゆえに、彼らはミュージカルの舞台で主要な役にキャスティングされていった。そこから若手のミュージカル俳優が輩出するようになったのである。近年では、2・5次元での舞台経験を積んだ実力派も増え、ミュージカル界での活躍も目覚ましい。

日本でミュージカル俳優を育成できる機関は、劇団四季か宝塚歌劇団であり、あとは劇団や音大、声優から個別に頭角を現すのが一般的だったところへ、2・5次元ミュージカル界から若手男性スターが次々に登場し始めたのである。従来はTVタレントが「ミュージカルに初挑戦」と、話題性を添えることがあったが、昨今は2・5次元ミュージカルが舞台経験のある重要な人材輩出源となってきている。徐々にミュージカル俳優が2・5次元に出演するなど、人材の行き来も始まっている。それだけではなく、制作チームの人材もオリジナルを作れる力を磨いている。この分野もまた、ポピュラー文化としてさらに変化し、発展していくだろう。グローバルなミュージカルで育ってきた日本のミュージカル界も、こうした領域からオリジナル制作への可能性を拓いてゆくかもしれない。

時代の状況に応じて柔軟に形を変えるミュージカルは、今後も作者陣によって、音楽によって、演者のパフォーマンスによって、テクノロジーによって、あるいは観客の好みによって、変化しながら生き延びるだろう。すでにイベントで活用されているドローンは遠からず劇場の客席の上に新たな演出装置として登場するかもしれないし、音響的にはヴォーカロイドのような人工的な声が加わることも想像できる。しかしそれでも生の歌声は存在感を持ち続けるのではないだろうか。音楽業界でもライヴが活性化しているように、劇場でも、生の歌声が独唱・重唱・合唱などの多様な形態で音楽と交わりながら綴るドラマは、今後もより多くの人々を惹《ひ》きつけるだろう。

補遺　ナンバー解説——音楽の役割

本書第6章で述べた「音楽による物語り」について、ここでは実例を用いて詳しく紹介しよう。少数だが、音楽に注目してほしいおすすめナンバーである。ここに取り上げた作品はすべて、DVDまたはブルーレイ・ディスクで映像化されているか、あるいは音源が市販されているので、是非観ながら・聴きながら確認してほしい。

■音楽ジャンルによるキャラクター付けとドラマ展開

《ラブ・ネバー・ダイ》（二〇一〇年ウェストエンド初演、二〇一四年日本初演）

G・スレーター作詞、A・ロイド＝ウェバー作曲

《ラブ・ネバー・ダイ》はロイド＝ウェバーの大ヒット作《オペラ座の怪人》の続編として製作された。前作のパリのオペラ座地下に潜む怪人と歌姫クリスティーヌの物語から一〇年後の設定で、舞台はアメリカに移る。厳密に続編として作られてはいないせいか、前作との整合性からするとやや疑問が生じる展開ではあるが、クリスティーヌと結婚したラウルが作った借金返済のために、彼女がアメリカの舞台に立つことになったという始まりである。二

人には一〇歳になる息子グスタフがおり、実はクリスティーヌを招聘したのはアメリカで娯楽施設を経営している怪人であった。

ロイド＝ウェバーは相変わらず清廉なイメージのクリスティーヌには、クラシック音楽の様式と発声を当てている。それに対して、彼女への執心を持つ怪人には部分的にダークなロック音楽を付している。前作同様、全体はクラシック調の音楽で進められる。しかしグスタフが怪人の娯楽施設に迷い込んだ際にピアノで弾いたメロディ（作品中に繰り返し登場するモチーフ「ビューティフル」）を怪人が聴き、自分と同じ音楽の感性を持っていることに気づく。

怪人がそれに驚き感動した時にシンフォニックな音楽が最高潮に達するのだが、その音楽が終止する寸前で突如電気楽器によるロック音楽の前奏が始まる。それまでクラシック調で進んできた音楽に対して、観客に違和感を持たせるほどの突然のロック・サウンドである。この音楽に乗って、怪人はそれまでのナンバーの歌声とは異なる歪《ひず》ませたロック歌唱の声で「美の真実（The Beauty Underneath）」を歌い始め、グスタフを自分の施設に案内する。そこは異形《いぎょう》の者たちが集う怪しげな見世物小屋のようであったが、グスタフは恐れることなくその怪人側の世界を「美しい」と感じ、少年聖歌隊のような清らかなボーイソプラノで怪人のロックに応答し同調する。清濁を併せ呑《の》むようなこのデュエット・ナンバーは物語の中で鍵を握る。怪人の音楽ジャンルと世界に同じ感性を示すグスタフが実は彼の息子であることを、怪人が確信する劇的な場面である。このデュエットによって、言葉ではそうと説明されなくとも、観客にも怪人と同じ確信がもたらされるのである。

■公共財としての音楽モチーフ――グレゴリオ聖歌「怒りの日」

《スウィーニー・トッド》（一九七九年ブロードウェイ初演、一九八一年日本初演）
S・ソンドハイム作詞作曲

《貴婦人の訪問》（二〇一四年ウィーン初演、二〇一五年日本初演）
W・ホーファー作詞、M・シュナイダー作曲

ヨーロッパの音楽史上、カトリック教会の礼拝音楽であったグレゴリオ聖歌は後の音楽創作にとって重要なモチーフの源泉であった。とりわけ有名で多用されるのは、死者のためのミサ曲（レクイエム）に含まれる「ディエス・イレ（怒りの日）」の旋律である。一六世紀に聖歌として制定されたこのメロディは、死や恐怖に関わる場面で何度も使われてきた。オペラでも器楽でも、映画でも効果的に用いられている。ミュージカルでも同様である。

判事に妻子を奪われた復讐心《ふくしゅうしん》から理髪師の立場を利用して猟奇的な殺人鬼となる主人公を描く《スウィーニー・トッド》では、冒頭の「スウィーニー・トッドのバラード（The Ballad of Sweeney Todd）」にこのモチーフが登場する。この曲はオープニング・ナンバーであ

譜例作成／WINDS SHEET MUSIC

譜例1　「怒りの日」のモチーフが使われた《スウィーニー・トッド》「スウィーニー・トッドのバラード」と《貴婦人の訪問》「奴を狩れ！」

り、これから始まる物語の設定を紹介する役割を持つ。オルガンの不協和音に始まる不気味な前奏から、ロンドンの下町の人々がトッドに対する恐ろしい噂《うわさ》を次々に歌で告げてゆく。二人目のソロが同じ旋律で始まると、高音域の対旋律として「怒りの日」を思わせる旋律が断片的に入り始める。この旋律はあまりにも有名なため、完全な音型でなくとも「怒りの日」だと分かるのである。その後合唱で「怒りの日」の旋律が高らかに響く。譜例のように、歌詞は「怒りの日」とは異なるが、旋律が明確にこのモチーフを示している。低音部にはゆらゆらと落ち着かない不気味な短い器楽音型が執拗《しつよう》な反復を続け、上声部では死のモチーフをちりばめるという構造を取ることで、禍々《まがまが》しい作品世界全体を演出しているのである。

フリードリヒ・デュレンマット(一九二一―一九〇)の戯曲を基にしたミュージカルの《貴婦人の訪問》は、大金持ちの貴婦人が困窮にあえぐ町に帰郷したところから始まる。彼女は若い頃に恋人アルフレッドに裏切られ、故郷を追われた過去を持つ。大富豪となった彼女はかつての恋人が死ぬことを条件に困窮した町と住民全員に大金を寄付することを宣言する。住民たちは非人道的な申し出に憤慨する一方で、もしその金が手に入ればと皮算用を始める。そのような状況下で貴婦人のペットである黒豹《くろひょう》が逃げたことから、町中で黒豹捜索が始まる。それは、アルフレッドに自分の狩りのように感じられる恐怖を味わわせる。

ここでの獲物を追い詰めるような緊迫したアンサンブル・ナンバー「奴《やっ》を狩れ!(Jagt ihn!)」に「怒りの日」のモチーフが使われる。旋律自体はオリジナルのものとは異なるが、音型と歌詞はオリジナルの「怒りの日」である。そこに切迫感のあるリズム・パートを加え、ポピュラー音楽的な響きでありながらも、伝統的なモチーフを織り込んでいる。黒豹狩りに乗じて殺されかねない主人公の死の恐怖を、観客は物語の展開と音楽の両方で感じるのである。

誰もが知る旋律を使わなくとも作曲は可能である。しかし、場面に応じた慣習に則ることは、それ自体で音楽による語りの力を増す。そしてまた、公共財としてのモチーフをどのように使うかによって、作曲者たちは個性を発揮するのである。

■音楽によるキャラクター描写

《キャッツ》(一九八一年ロンドン初演、一九八三年日本初演)
T・S・エリオット作詞、A・ロイド=ウェバー作曲

これはT・S・エリオットの詩に音楽を付けて制作されたコンセプト・ミュージカルで、都会のごみ捨て場を舞台に様々な個性を持つ猫たちが歌とダンスを見せる。一貫したストーリーがないだけに、ダンスを含めた視覚要素が重要なだけではなく、音響もまた猫を表現することに貢献している。ロイド=ウェバーにより猫の動きが巧みに音楽化されているのが本作品である。

《キャッツ》において最も有名なナンバーは「メモリー」だが、この作品の音楽のおもしろさはそのナンバーのみにあるのではない。序曲の始まりから猫の動きを表現した付点リズムが印象的だが、本編に入ってからの最初の重要なナンバー「ジェリクルソングズ・フォー・ジェリクルキャッツ(Jellicle Songs for Jellicle Cats)」はさらに緻密に作られている。

譜例作成／WINDS SHEET MUSIC

譜例2　猫の気まぐれさを表現する「ジェリクルソングズ・フォー・ジェリクルキャッツ」

この曲は物語に登場する野良猫たちが順々に登場して集まってくるナンバーである。猫の登場ごとに気まぐれな短い器楽のフレーズが鳴っては休止する。まるでそこここに猫が少し顔を出しては引っ込めているような音楽である。それを繰り返して猫たちが集まり、アクティヴに動き出すと、やがて合唱になる。そこでようやく主題となる旋律が明瞭に出てくる。

その旋律は、アウフタクト（前打音）を駆使して小節の始めをずらすだけではなく、四拍子の楽曲の中で何度も繰り返される「ジェリクル」の第一音節である「ジェ」の歌詞の拍を巧妙にずらす。譜例の印の通り、歌詞の強拍である「ジェ」が鳴っている拍は、楽曲の一拍表→四拍裏→四拍表→三拍表→二拍表→四拍裏→四拍表→三拍表、というように次々にずらされる。「ジェリクル」の第一音節は、拍節的には本来、一拍目と三拍目の規則的な強拍に当てられるべきであるが、この楽曲ではその旋律の強拍から逃げるようにずれていくのである。歌詞の強拍が旋律の強拍と次々にずれていくということは、楽曲の規則的な拍節感を失わせ、不規則な動きを表現する。その他にも調性が曖昧な旋律、予想外の休符の多用など、これらの音楽的特徴はすべて、野良猫たちの気まぐれな行動を描写している。器楽だけで猫の躍動感を直接的に感じさせる仕組みは、堅固なストーリーを持たない作品であるだけになおさら効果を発揮する。

■オープニング・ナンバーが示す作品世界とテーマ

《ジキル＆ハイド》（一九九七年ブロードウェイ初演、二〇〇一年日本初演）
L・ブリカッス作詞、F・ワイルドホーン作曲

序曲やオープニング・ナンバーは、先に挙げた《スウィーニー・トッド》のように、これから展開していく作品を暗示し、作品のテーマ、設定、前提となる価値観をあらかじめ提示する役割を果たすことがある。

《ジキル＆ハイド》は一九世紀のイギリスの小説に基づいたミュージカルで、原作もミュー

ジカルも、主人公ジキルが固執した人間の善と悪の二面性を主題としている。作曲者のワイルドホーンは、ナンバー間のモチーフ的な関連をそれほど緻密には作らない作曲家だが、この作品ではその代わりに、冒頭で提示した音楽モチーフを作品中に何度も再登場させる。観客はこの作品に通底するテーマをそのたびに思い出すことになるのである。

この作品のオープニングに相当するナンバーは「ファサード（嘘《うそ》の仮面／Facade）」である。このナンバーでは下町の民衆が「人間には裏と表がある」ことを歌う。社会的に立派だと見なされている言葉や行為の例を誰かが歌うと、すぐさま民衆の声が「それも嘘」だと打ち消してゆく。このアンサンブルの声を背景として、主要キャラクターが次々に街を通り過ぎる。その間も歌は特定の登場人物について説明をするのではなく、あくまで人間の二面性というこの作品のテーマを訴える。アンサンブルは民衆の声であり、世間や社会を体現する存在となる。

そしてこの「ファサード」の旋律がその後、アレンジされたリプライズで再登場し、テーマの念押しをするように挿入される。再演の際にこのリプライズは減ったものの、このナンバーは常に民衆の声で歌われ、何度か登場することで、テーマを一貫して繋ぎとめる。この手法は物語を進めるうえでは必ずしも必要ではないかもしれない。だからこそ、上演ごとに省略可能な調整用ナンバーのように扱われるのだろう。しかし、もともとのテーマを提示し続けることで、全体の統一感を支えているのも確かである（蛇足ながら、この機能は音楽的にはバロック時代の器楽曲のリトルネッロ形式と同じであり、何度も同じフレーズを回帰させることで楽曲にまとまりを持たせる効果がある）。

■音楽モチーフのリプライズ――複数の物語の統合

《レ・ミゼラブル》（一九八五年ウェストエンド初演、一九八七年日本初演）

アラン・ブーブリル作詞、クロード＝ミシェル・シェーンベルク作曲

《レ・ミゼラブル》は現在も世界中で上演され続けており、日本でも頻繁に再演されている。二〇一二年にはミュージカルの映画版が公開されたことで、その作品とナンバーはさらに広く知られ、親しまれることになった。それだけに、この作品で使われているリプライズを分かった上で観劇するファンも多い。

この作品で鍵となるいくつかの音楽モチーフは、特定のキャラクターに結び付きつつも、人物にのみ関連づけられているわけではない。様々な登場人物が置かれた状況や心情のドラマ的展開といった点で類似する場面で再利用されるという特徴がある。このようなリプライズの使い方は、人物に固有の旋律を付す方法よりも複雑な音楽を作り上げるため、観客には認識しにくいかもしれない。しかし観るごとに音楽に馴染んでいけば、物語の展開に音楽が

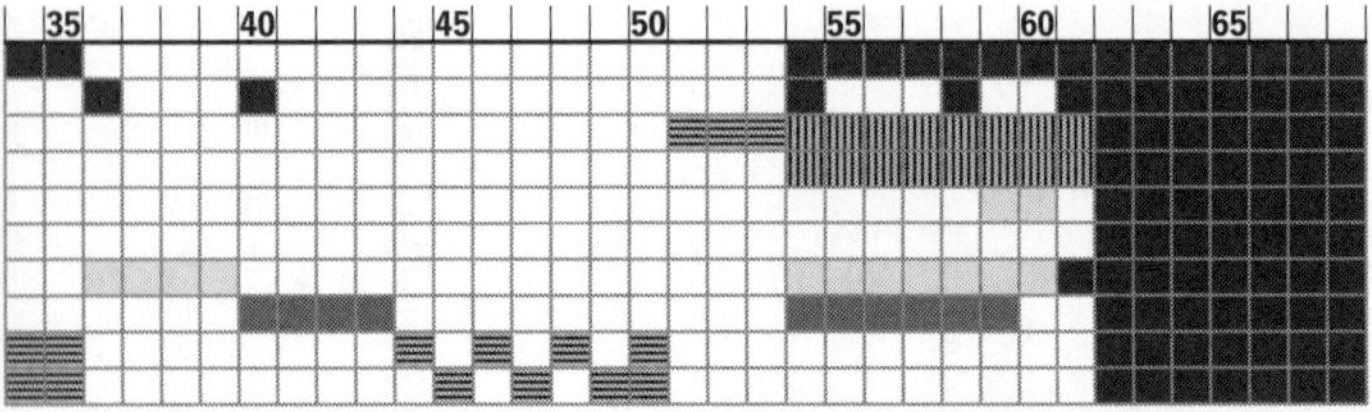

inst 器楽
VJ　ジャン・バルジャン
M　マリウス
C　コゼット
EP　エポニーヌ
EN　アンジョルラス
JAV　ジャベール
THEN　テナルディエ夫妻
CHOR1 合唱1
CHOR2 合唱2

深く寄り添っていることに気づく。音楽モチーフの回帰とは、例えば次のようなものである。

・冒頭の牢獄《ろうごく》での労働歌アンサンブル（囚人の歌）と、貧困と犯罪に満ちたパリの民衆のアンサンブル（乞食たち）――→悲惨さの中にいる人々を表す重厚な音楽になっている
・仮出獄したバルジャンが再び盗みを働いた時に彼の魂を救う司教の歌と、革命後に学生仲間をすべて失って自分一人生き残ったことに許しを請うマリウスの歌（カフェソング）――→贖罪の心情を表現する音楽
・死期を迎えたバルジャンのもとに現れるファンティーヌとエポニーヌは、エポニーヌのナンバー「オン・マイ・オウン」を歌う――→哀れな女の孤独と慈愛

他にも様々に音楽的連関が織り込まれているのだが、

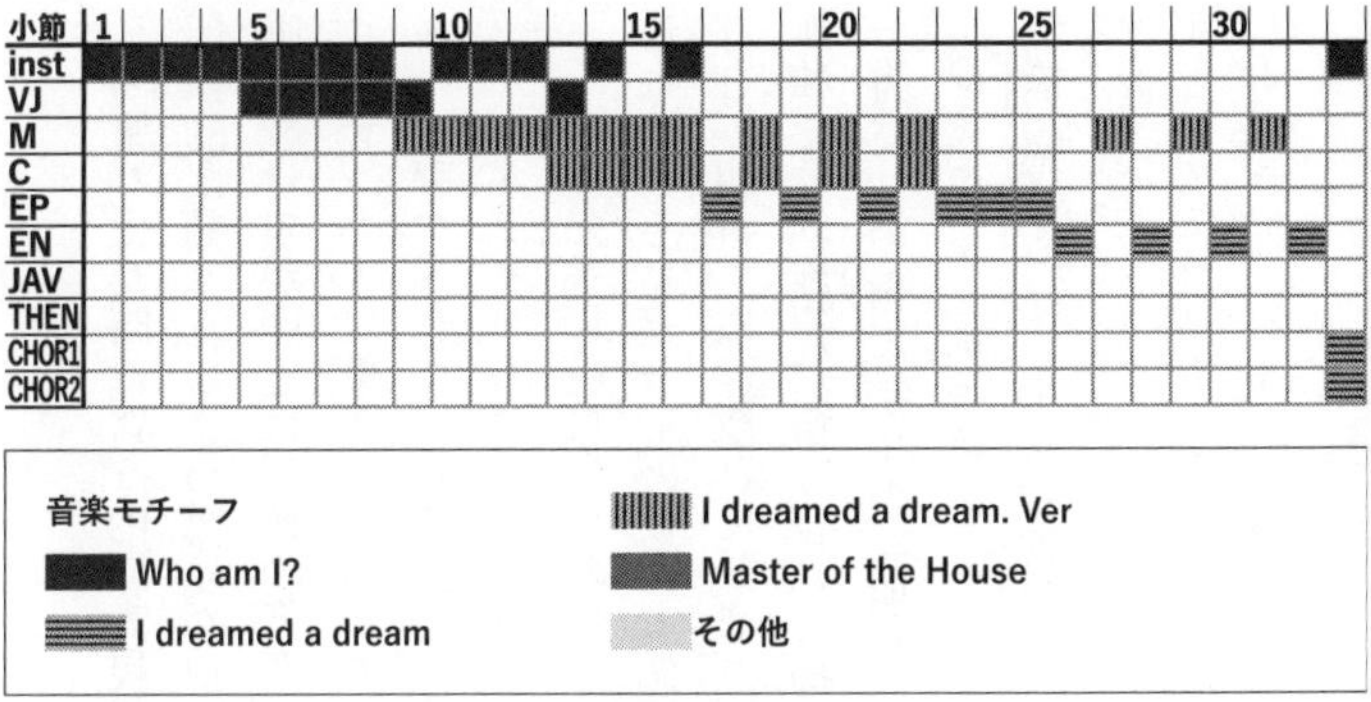

図6　「ワン・デイ・モア」の音楽モチーフ

ここに挙げた例だけでも、一つのナンバーの一部の旋律が別のナンバーの一部となり、あるナンバーには複数のモチーフが再登場するなど、その音楽的関連は単純ではない。物語全体が音楽で複雑に結びつくことによってそのドラマの堅固さと重厚さが出来上がっている。

そしてこの作品の何よりも壮大なナンバーは一幕フィナーレの「ワン・デイ・モア」のアンサンブルである。この楽曲の威力は単に主要登場人物とアンサンブルが合唱するという点にあるのではなく、一幕の中で登場人物が歌った旋律を保持しつつ、それぞれの想《おも》いが物語の中で一つに重なり、そして一幕を閉じるという劇的効果を生み出している点にある。

冒頭の高音部の四つの音からなる下行音型の反復による器楽イントロは、脱獄囚であるバルジャンが自分の代わりに誰かが処罰されることに良心を痛めて、自ら名乗り出た時に歌う内面表現である「フー・アム・アイ」と同じである。歌に入る前から印象的に刻まれるこの器楽音型は単なるイントロではなく、「ワン・デイ・モア」の要所で鳴り続けるがゆえに、他の音楽モチーフが混入しても音楽的な統一性を支える役割を果たす。このナンバーで歌のベースになるのは、バルジャンの「フー・アム・アイ」とファンティーヌの「夢やぶれて（I dreamed a dream）」である。

「ワン・デイ・モア」はこのバルジャンのモチーフによって導かれ、バルジャンは警官ジャベールから逃げ続けなければならない身と「明日」の旅立ちを歌う。そこにバルジャンに守られているコゼットと彼女と恋に落ちた学生マリウスのデュエットが加わり、巡り合えた喜びと「明日」には離れてしまう嘆きを歌う。そのデュエットにマリウスを慕うエポニーヌの孤独を歌う旋律が掛け合いで挿入される（この三人の旋律は「夢やぶれて」から派生したもの）。

一方パリの街で学生の「明日」の蜂起を決めたアンジョルラスが学生と民衆を鼓舞する（「夢やぶれて」のモチーフ）。そこにマリウスは自分も加わるべきか、コゼットと共にいるかを逡巡《しゅんじゅん》するフレーズを重ねる。エポニーヌはマリウスを想いながら今日も「明日」も孤独だと歌う。バルジャンを追っていたジャベールは学生の「明日」の蜂起をつぶすためにスパイとして入り込もうとする決意を歌で重ねる。そこに「明日」の混乱に乗じて盗みを働こうとするテナルディエ夫妻が合いの手のように調子の違う旋律を挟みこむ（「宿屋の主人の歌

（Master of the House）」のモチーフ）。

　このナンバーの前半はこれらの主要キャラクターがそれぞれ異なる旋律で「明日」への決意や迷いを重ねながら歌い継ぐのだが、楽曲のクライマックスに向けて、バラバラだった声部は一つになり、最後はユニゾンで「明日」の歌詞を歌うのである。それぞれの登場人物の物語が別々に展開していたものを、「明日」という共通項で括《くく》るようなユニゾンのパワーはここで物語としての一つの頂点を作り上げる。それはこのナンバーの複雑な楽曲構成とテクスチュアの変化による効果であり、そのうえでユニゾンという合唱形態がもたらす効果である。冒頭から鳴り続けていた「フー・アム・アイ」のモチーフは、最後にこのナンバーのクライマックスをまとめる役割を果たしている（図からは、この音楽モチーフが最後に全声部を覆うことが分かるだろう）。いわば複数の並行する物語をこのナンバーが回収しているわけである。それはまた、「フー・アム・アイ」の楽曲が下行低音を反復するオスティナート・バスの技法によって上声部を盛り上げてゆける形式を持つからこそ可能になっている。これこそ音楽ドラマゆえの効果と言えよう。

　このような複数声部を同時並行してまとめる手法は、すでに《ウェスト・サイド・ストーリー》の「トゥナイト」のリプライズでも見られた。物語の緊張感をますます高めるこうしたアンサンブルは、しばしば幕を閉じる際に用いられる。

■アンダースコアによる歌と台詞の融合１

《パレード》（一九九八年ブロードウェイ初演、二〇一七年日本初演）

ジェイソン・ロバート・ブラウン作詞作曲

この作品は、実話をもとに作られた社会派ミュージカルで、冤罪や人種差別、善良な人々の義憤と愛国心など、答えの出ない様々な問題を取り込んでいる。物語がハードな展開を見せる中、ジェイソン・ロバート・ブラウンによる音楽は過度な技巧に走らず、記憶に残る美しい旋律と郷愁を十分に含ませたうえで、ドラマの劇的な展開を支えている。

そのオープニング・ナンバー「ふるさとの赤い丘（The Old Red Hills of Home）」は美しい叙情的な旋律の楽曲でありながら、後半に作品のキーワードとなるパレードの騒々しい音楽とを敢えて強引にぶつけるように交わらせている。音響的に意外性を持たせてインパクトを与えるが、その異質な音楽のぶつかり合いは、作品全編を通して、常に二つの相反する側面を描く時に機能する。

この作品ではナンバーが相互に関連して、場面のドラマ性を高めているのだが、ここではクライマックス場面にあたるナンバーに注目して、アンダースコアと台詞と歌の融合を確認しよう。

冤罪により二年も収監されていた夫レオを助けるべく奔走した妻のルシールは、死刑直前に夫が釈放されるという期待を胸に、刑務所を訪問する。理解のある看守を買収して二人だけのささやかな時間を過ごす場面で歌われるのがデュエット・ナンバーの「無駄にした時間（All the Wasted Time）」である。

ルシールが刑務所に到着してから看守がその場を離れるまでの間は、台詞での会話が続く。二人だけになってから、背後でかすかに高音のピアノによるイントロが断続的に入り始める。この時点ではまだBGM的で、穏やかに戯れるような響きの短い旋律が、会話の合間に聴こえる。その間にルシールは、いつか行きたいと望んでいたピクニックをここ（獄中の部屋）でしようとバスケットを開け、結婚記念の食器を出し、ランチの支度を無邪気に始める。夫婦の穏やかな会話の背後で、ピアノによるイントロは続く。夫の帰りを疑わない妻に対してレオが弱気な返事をすると、ルシールはレオを勇気づける言葉を言うのだが、ここで低音のチェロが本格的な前奏の歌うような旋律を奏で始める。妻の健気《けなげ》な確信を補強するような安定した響きで、レオの心、そして観客の心に奥深く入り込む。

はじめは軽やかなピアノの高音で鳴っていたイントロは、チェロに変わると台詞の気持ちに乗って音量を増し、台詞と同等、あるいは台詞より前面に出てくる。まるでレオのこみ上げる気持ちを代弁するかのようである。そのタイミングでレオは妻への想いを歌に乗せる。

唐突感のない、自然で必然的な歌の入りである。歌が始まると、それまで高音で控えめに聴こえていたピアノの旋律は低音部に回って前奏イントロのモチーフを続ける。

このデュエット・ナンバーは美しくドラマチックで、物語のクライマックスを作る。メロディはゆったりとしていて極めて音楽的なナンバーだが、そのイントロでの台詞と前奏と歌との関わりは繊細で緻密なドラマを描いている。それぞれの旋律が響き合いながら溶け合うようである。それによって登場人物たちの心情が表現されるとともに、観客の気持ちを完全に同化させて引き込む。もちろんこの効果は、音響バランスが見事に整っているからこそ発揮されるのである。

■アンダースコアによる歌と台詞の融合2

《ジキル＆ハイド》（一九九七年ブロードウェイ初演、二〇〇一年日本初演）
L・ブリカッス作詞、F・ワイルドホーン作曲

再び《ジキル＆ハイド》を取り上げて、今度は台詞と歌が識別できないほど混在する場面での口論の表現を見てみよう。前例の《パレード》では溶け合うような台詞と歌とアンダースコアの関係を見たが、ここでは激しい対立の描写である。

それは、ジキル博士が人間の精神を善悪に分離する薬を開発したので、病院に入院してい

る患者（ジキルの父親）に処方する許可を求める、という場面である（「理事会Board of Governors」）。父の精神疾患を治したいジキルは自分の理論を病院の理事会メンバーの前で披露する。それは激しい口調の台詞でのスピーチである。その荒唐無稽ぶりに苛立《いらだ》ち始める理事会メンバーたちは口々に文句を台詞で言うが、その間にアンダースコアとして忍び寄るように不穏な音楽が始まっており、ジキルと理事会メンバーの言い争いが激しさを増したところで大音量となり、ジキルがそこで音楽に合流して激しく歌い始め、自分の薬の正統性を主張する。確かにそこでは、台詞から歌に切り替わるのだが、背後に流れる音楽が十分にドラマチックに盛り上げて迫ってきたところに歌が乗るため、ピークに達した感情の流れは切断されない。いわば台詞から歌への切り替えを、強い音楽の連続性とテンションで繫いでいるのである。

その後も長く口論が続くこのナンバーでは、ジキルの演説のソロ、理事会メンバーが口々に投げかける非難のソロ、それが重なってカオスのような響きを生み出し、ジキルも感情的に怒鳴るように歌い、理事会メンバーはやがてユニゾンで非難するというように、声部のテクスチュアを目まぐるしく変えながら口論の激しさを表現する。ジキルが力の限り、持論を主張しても、その後このナンバーのラストでは、多数決で一人を除く全員がノーを次々に歌って合唱で決然と終わり、ジキルの主張は音楽的にも音響的にもねじ伏せられる。

これは台詞と歌が強いアンダースコアによって支えられながら入り乱れるからこそ生み出される緊張感である。この場面が激しければ激しいほど、この後のジキルが抱く理事会への敵意に説得力が生まれる。その意味で、音楽的にもストーリー展開に寄与していることが分かる。

わずかな例ではあるが、通常は解説対象にならないナンバーを含めていくつか取り上げた。このように、ミュージカルの中で音楽は台詞と対等に雄弁に語っているのである。歌だけではなく、アンダースコアと共にナンバーを聴いてみれば、ドラマがいかに重層的に展開しているかに気づくだろう。それが、台詞で進められるドラマや演劇とはまた異なる、ミュージカルの醍醐《だいご》味《み》の一つではないだろうか。

あとがき

本書の構想を始めた頃、日本にも新型コロナウィルスの影響が出始めた。そして二〇二〇年二月下旬、他の社会経済活動よりも先んじて、ライヴ・エンターテインメントは真っ先に「自粛」を強要された。まだ何の根拠もない段階だったにもかかわらず、「不要不急」の名のもとに、音楽ライヴや劇場が中止になるのは当然という空気が世間に蔓延《まんえん》していた。突然の公演中止による経済的損失は甚大なものだったはずだが、それ以上に深刻に思えたのは、この言葉をライヴ・エンターテインメントに従事する人々自身が内面化してしまっている様子を目にした時だった。自分たちのやってきたことの意味を根底から覆されたように感じられたのではないか。少なくとも俳優たちのSNSには、直接的な表現ではなくとも、そうした苦悩が散見された。

世間に広まった「不要不急」の勢力に対して、一部の演劇人は、演劇が人間にとっていかに必要なものであるかを訴えていた。しかし日頃からこの種の文化に接していない人々にとって、そうした精神論はどれほど意味があっただろう。それよりも「不要不急」をめぐる社会の動きに対して私が抱いた違和感は、消費者の視点からのみ語られているということだった。娯楽は不要不急だというのは観る側に照準した言葉である。しかし制作者側に目を向ければ、それは仕事であり労働である。無数にある職業の中で、この業種のみに根拠のない自粛を強いることは、職業に優劣を付けているのに等しい。娯楽を提供する側には、舞台上のパフォーマーだけではなく、ステージを作る様々な技術者、会場のスタッフ、営業、旅行業界、チケット予約システム、グッズ製作、飲食業など、あらゆる方面での労働が関わっている。一つの公演の中止は、目に見えない多くの人の生活に直結する。

これは日本だけではないのだが、広くアートとされる業界は、その創造的行為が労働とは見なされず、好きなことをしているという目線で見られることが多い。芸術と労働観については ハンス・アビングという経済学者・芸術社会学者が『金と芸術——なぜアーティストは貧乏なのか』で主張しているのだが、ヨーロッパで活躍する彼ですら孤軍奮闘気味で、なかなかその考え方は広まらない。しかし、従事する人々の労働に関わる以上、ライヴ・エンターテインメントは不要不急と切り捨てられるものではない。

私はこれまで、音楽の芸術的・商業的側面に注目し、クラシック音楽とポピュラー音楽との関係について研究してきた。本書のミュージカルでも、「ポピュラー文化」の側面にこだわっているのはそのためだ。音楽ライヴでもなく、ストレートプレイでもない、歌う芝居としてのミュージカル。そのミュージカルの商業的側面と不可分な要素として、ポピュラー音楽の存在に特に注目した。「なぜ突然歌いだすのか」という問いもまた、ミュージカルというジャンルの芸術性（演劇的な展開）と商業性（ばら売りできるナンバー）との交錯に関わっていた。多様で複雑な実態を持つミュージカルの全体像から見れば、これは単純化した見方に見えるかもしれない。しかし一つの物語として流れを提示することは、このような新書という媒体であれば一定の意味はあるだろう。それは入門的な見取り図を提示するからである。そこから読者（主にミュージカルに知的関心を持つ大学生を想定している）が各々の問題意識に従って、詳細でより専門的な研究へと繋げるきっかけとなれば幸いである。

最後に本書刊行にあたってお世話になった方々へ感謝を述べたい。東京大学大学院総合文化研究科の佐藤俊樹先生には、刊行に際してのご助言を頂いた。編集部の吉田亮子さんは私の関心を理解して下さり、別の角度からのアドバイスも含めて様々にご協力頂いた。校閲を担当下さった方にもこの場を借りて感謝したい。ネットに誰もが文章を上げられる時代だからこそ、編集者と校閲者の目の重要性を再認識した。もちろん文責は自分にあるが、プロの目が入ることで気づかされることも多く、大変幸運なことだと思っている。

あらゆる文化活動は平和な世界でこそ息づけることを実感しつつ。

二〇二二年四月

宮本直美

19世紀オペラの社会史』小山田豊訳，春秋社.
Whitcomb, Ian, 2003, *After the Ball: Pop Music from Rag to Rock*, Third Edition, Allen Lane/The Penguin Press.
Wollman, Elizabeth L., 2009, *The Theater Will Rock: A History of the Rock Musical from Hair to Hedwig*, The University of Michigan Press.
Yagoda, Ben, 2015, *The B Side: The Death of Tin Pan Alley and the Rebirth of the Great American Song*, Riverhead Books.

からポピュラー歌唱へ」，『嗜好品文化研究』2号，26-37頁.
水谷彰良，2003，『消えたオペラ譜——楽譜出版にみるオペラ400年史』音楽之友社.
Mordden, Ethan, 2013, *Anything Goes: A History of American Musical Theatre*, Oxford University Press.
Nassour, Ellis & Richard Broderick, 1973, *Rock Opera*, New York: Hawthorn Books Inc. ＝リチャード・ブロデリック／エリス・ナッサワー，1974，『燃えあがるロック・オペラ——「ジーザス・クライスト・スーパースター」の創造』南川貞治訳，音楽之友社.
大和田俊之，2011，『アメリカ音楽史——ミンストレル・ショウ、ブルースからヒップホップまで』講談社選書メチエ.
小山内伸，2016，『ミュージカル史』中央公論新社.
Raymond, Jack, 1992, *Show Music on Record: The First 100 Years*, Washington and London: The Smithsonian Institution Press.
Rodger, Gillian M., 2015, "When Singing Was Acting: Song and Character in Variety Theater," *Musical Quarterly*, 98(1/2), pp. 57-80.
Shepherd, John, 1982, *Tin Pan Alley*, Routledge & Kegan Paul.
重木昭信，2019，『音楽劇の歴史——オペラ・オペレッタ・ミュージカル』平凡社.
Smith, Cecil & Glenn Litton, 1991, *Musical Comedy in America*, Routledge.
Snelson, John, 2004, *Andrew Lloyd Webber*, Yale University Press.
Sternfeld, Jessica, 2006, *The Megamusical*, Indiana University Press.
Swain, Joseph P., 2002, *The Broadway Musical: A Critical and Musical Survey*, Second Edition, Scarecrow Press.
辻佐保子，2020，「コムデン＆グリーンはいかにして「統合」と向き合ったか——『ベルがなっている』と『フェイド・アウト－フェイド・イン』の劇作術に見る美学」，森佳子他編『演劇と音楽』森話社，pp.243-268.
Walter, Michael, 1997, *Die Oper ist ein Irrenhaus: Sozialgeschichte der Oper im 19. Jahrhundert*, Stuttgart: Metzler Verlag. ＝ミヒャエル・ヴァルター，2000，『オペラハウスは狂気の館——

ックメディア.
日比野啓, 2020,『アメリカン・ミュージカルとその時代』青土社.
細川周平, 1990,『レコードの美学』勁草書房.
Hurwitz, Nathan, 2014, *A History of the American Musical Theatre: No Business Like It*, Routledge.
井上一馬, 1999,『ブロードウェイ・ミュージカル』文春新書, 文藝春秋.
Knapp, Raymond & Mitchell Morris, 2011, "Tin Pan Alley Songs on Stage and Screen before World War II," *The Oxford Handbook of the American Musical*, Oxford University Press, pp. 81-96.
Laird, Paul R., "Musical Styles and Song Conventions," *The Oxford Handbook of the American Musical*, Oxford University Press, pp. 33-44.
Lerner, Alan Jay, 1986, *The Musical Theatre: A Celebration*, London: Collins. ＝アラン・ジェイ・ラーナー, 1990,『ミュージカル物語――オッフェンバックから『キャッツ』まで』千葉文夫・星優子・梅本淳子訳, 筑摩書房.
Marcello, Benedetto, 1720, *Il Teatro alla Moda*. ＝ベネデット・マルチェロ, 2002,『当世流行劇場――18世紀ヴェネツィア、絢爛たるバロック・オペラ制作のてんやわんやの舞台裏』小田切慎平・小野里香織訳, 未來社.
McMillin, Scott, 2006, *The Musical as Drama: A Study of the Principles and Conventions behind Musical Shows from Kern to Sondheim*, Princeton University Press. ＝スコット・マクミリン, 2015,『ドラマとしてのミュージカル：ミュージカルを支える原理と伝統的手法の研究――カーンからソンドハイムまで』有泉学宙訳, 彩流社.
南田勝也, 2001,『ロックミュージックの社会学』青弓社.
宮本直美, 2014,「レヴューの mortality と immortality――ジャンルとしてのレヴューと宝塚歌劇団」,『立命館文学』635号, 60-75頁.
宮本直美, 2016,『コンサートという文化装置――交響曲とオペラのヨーロッパ近代』岩波書店.
宮本直美, 2017,「嗜好の対象としての歌声――クラシック歌唱

参考文献

Block, Geoffrey, 2009, *Enchanted Evenings: The Broadway Musical from the Show Boat to Sondheim and Lloyd Webber*, Second Edition, Oxford University Press.

Block, Geoffrey, 2011, "Integration," *The Oxford Handbook of the American Musical*, Oxford University Press, pp. 97-110.

Bordwell, David & Kristin Thompson, 2004, *Film Art: An Introduction*, The McGraw-Hill Companies Inc. ＝デイヴィッド・ボードウェル／クリスティン・トンプソン，2007，『フィルム・アート——映画芸術入門』藤木秀朗監訳，名古屋大学出版会.

Bribitzer-Stull, Matthew, 2015, *Understanding the Leitmotif: From Wagner to Hollywood Film Music*, Cambridge University Press.

Chandler, David, 2009, " 'What Do We Mean by Opera, Anyway?': Lloyd Webber's Phantom of the Opera and "High-Pop" Theatre," *Journal of Popular Music Studies*, Vol. 21, Issue 2, pp. 152-169.

Chion, Michel, 1985, *Le Son au Cinéma*, Éditions de l'Étoile. ＝ミシェル・シオン，1993，『映画にとって音とはなにか』川竹英克・J. ピノン訳，勁草書房.

Flinn, Caryl, 1992, *Strains of Utopia: Gender, Nostalgia, and Hollywood Film Music*, Princeton University Press. ＝カリル・フリン，1994，『フェミニズムと映画音楽——ジェンダー・ノスタルジア・ユートピア』鈴木圭介訳，平凡社.

Goldmark, Daniel, 2015, "Making Songs Pay: Tin Pan Alley's Formula for Success," *Musical Quarterly*, 98(1/2), pp. 3-28.

Grant, Mark N., 2004, *The Rise and Fall of the Broadway Musical*, Northeastern University Press.

Green, Stanley, 1994, *Broadway Musicals: Show by Show*, Fourth Edition, revised by Kay Green, Hal Leonard Publishing Corporation. ＝スタンリー・グリーン，1995，『ブロードウェイ・ミュージカルのすべて』青井陽治訳，ヤマハミュージ

宮本直美（みやもと・なおみ）

1969年東京都生まれ．東京藝術大学音楽学部楽理科卒業，同大学院音楽研究科音楽学専攻修士課程修了，東京大学人文社会系研究科社会学専門分野修士課程・同博士課程修了．博士（社会学）．専門は音楽社会学・文化社会学．東京大学大学院人文社会系研究科助手などを経て，現在立命館大学文学部教授．

著書『コンサートという文化装置――交響曲とオペラのヨーロッパ近代』（岩波書店，2016年）
『宝塚ファンの社会学――スターは劇場の外で作られる』（青弓社，2011年）
『教養の歴史社会学――ドイツ市民社会と音楽』（岩波書店，2006年）
ほか

ミュージカルの歴史《れきし》
中公新書 *2702*

2022年 6 月25日発行

著　者　宮 本 直 美
発行者　松 田 陽 三

本文印刷　三 晃 印 刷
カバー印刷　大熊整美堂
製　　本　小 泉 製 本

発行所　中央公論新社
〒100-8152
東京都千代田区大手町 1-7-1
電話　販売　03-5299-1730
　　　編集　03-5299-1830
URL https://www.chuko.co.jp/

Published by CHUOKORON-SHINSHA，INC.
Printed in Japan　ISBN978-4-12-102702-3 C1274

中公新書刊行のことば

いまからちょうど五世紀まえ、グーテンベルクが近代印刷術を発明したとき、書物の大量生産は潜在的可能性を獲得し、いまからちょうど一世紀まえ、世界のおもな文明国で義務教育制度が採用されたとき、書物の大量需要の潜在性が形成された。この二つの潜在性がはげしく現実化したのが現代である。

いまや、書物によって視野を拡大し、変りゆく世界に豊かに対応しようとする強い要求を私たちは抑えることができない。この要求にこたえる義務を、今日の書物は背負っている。だが、その義務は、たんに専門的知識の通俗化をはかることによって果たされるものでもなく、通俗的好奇心にうったえて、いたずらに発行部数の巨大さを誇ることによって果たされるものでもない。現代を真摯に生きようとする読者に、真に知るに価いする知識だけを選びだして提供すること、これが中公新書の最大の目標である。

私たちは、知識として錯覚しているものによってしばしば動かされ、裏切られる。私たちは、作為によってあたえられた知識のうえに生きることがあまりに多く、ゆるぎない事実を通して思索することがあまりにすくない。中公新書が、その一貫した特色として自らに課すものは、この事実のみの持つ無条件の説得力を発揮させることである。現代にあらたな意味を投げかけるべく待機している過去の歴史的事実もまた、中公新書によって数多く発掘されるであろう。

中公新書は、現代を自らの眼で見つめようとする、逞しい知的な読者の活力となることを欲している。

一九六二年一一月

哲学・思想

宗教・倫理

- 2293 教養としての宗教入門　中村圭志
- 2459 聖書、コーラン、仏典　中村圭志
- 2668 宗教図象学入門　中村圭志
- 2158 神道とは何か　伊藤　聡
- 1130 仏教とは何か　山折哲雄
- 2135 仏教、本当の教え　植木雅俊
- 2616 法華経とは何か　植木雅俊
- 2416 浄土真宗とは何か　小山聡子
- 2365 禅の教室　藤田一照　伊藤比呂美
- 134 地獄の思想　梅原　猛
- 989 儒教とは何か（増補版）　加地伸行
- 1707 ヒンドゥー教—インドの聖と俗　森本達雄
- 2261 旧約聖書の謎　長谷川修一
- 2076 アメリカと宗教　堀内一史
- 2360 キリスト教と戦争　石川明人
- 2642 宗教と過激思想　藤原聖子
- 2453 イスラームの歴史　K・アームストロング　小林朋則訳
- 2639 宗教と日本人　岡本亮輔
- 2306 聖地巡礼　岡本亮輔
- 2310 山岳信仰　鈴木正崇
- 2499 仏像と日本人　碧海寿広
- 2598 倫理学入門　品川哲彦

中公新書

世界史

e2

1045 物語 イタリアの歴史 藤沢道郎
1771 物語 イタリアの歴史 II 藤沢道郎
2508 貨幣が語る ローマ帝国史 比佐 篤
2595 ビザンツ帝国 中谷功治
2663 物語 イスタンブールの歴史 宮下 遼
2152 物語 近現代ギリシャの歴史 村田奈々子
2440 バルカン―「ヨーロッパの火薬庫」の歴史 M・マゾワー 井上廣美訳
1635 物語 スペインの歴史 岩根圀和
1750 物語 スペインの歴史 人物篇 岩根圀和
1564 物語 カタルーニャの歴史（増補版） 田澤 耕
2582 百年戦争 佐藤 猛
2658 物語 パリの歴史 福井憲彦
1963 物語 フランス革命 安達正勝
2286 マリー・アントワネット 安達正勝
2466 ナポレオン時代 A・ホーン 大久保庸子訳

2529 ナポレオン四代 野村啓介
2318 2319 物語 イギリスの歴史（上下） 君塚直隆
2696 物語 スコットランドの歴史 中村隆文
2167 イギリス帝国の歴史 秋田 茂
1916 ヴィクトリア女王 君塚直隆
1215 物語 アイルランドの歴史 波多野裕造
1420 物語 ドイツの歴史 阿部謹也
2304 ビスマルク 飯田洋介
2490 ヴィルヘルム2世 竹中 亨
2583 鉄道のドイツ史 鴋澤 歩
2546 物語 オーストリアの歴史 山之内克子
2434 物語 オランダの歴史 桜田美津夫
2279 物語 ベルギーの歴史 松尾秀哉
1838 物語 チェコの歴史 薩摩秀登
2445 物語 ポーランドの歴史 渡辺克義
1131 物語 北欧の歴史 武田龍夫
2456 物語 フィンランドの歴史 石野裕子

1758 物語 バルト三国の歴史 志摩園子
1655 物語 ウクライナの歴史 黒川祐次
1042 物語 アメリカの歴史 猿谷 要
2209 アメリカ黒人の歴史 上杉 忍
2623 古代マヤ文明 鈴木真太郎
1437 物語 ラテン・アメリカの歴史 増田義郎
1935 物語 メキシコの歴史 大垣貴志郎
1547 物語 オーストラリアの歴史 竹田いさみ
2545 物語 ナイジェリアの歴史 島田周平
1644 ハワイの歴史と文化 矢口祐人
2561 キリスト教と死 指 昭博
2442 海賊の世界史 桃井治郎
518 刑吏の社会史 阿部謹也

言語・文学・エッセイ

j1

- 433 日本語の個性（改版） 外山滋比古
- 533 日本の方言地図 徳川宗賢編
- 2493 日本語を翻訳するということ 牧野成一
- 500 漢字百話 白川　静
- 2213 漢字再入門 阿辻哲次
- 1755 部首のはなし 阿辻哲次
- 2534 漢字の字形 落合淳思
- 2430 謎の漢字 笹原宏之
- 2363 外国語を学ぶための言語学の考え方 黒田龍之助
- 1880 近くて遠い中国語 阿辻哲次
- 1833 ラテン語の世界 小林　標
- 1971 英語の歴史 寺澤　盾
- 2407 英単語の世界 寺澤　盾
- 1533 英語達人列伝 斎藤兆史
- 1701 英語達人塾 斎藤兆史
- 2165 英文法の魅力 里中哲彦
- 2628 英文法再入門 澤井康佑
- 2684 中学英語「再」入門 澤井康佑
- 2637 英語の読み方 北村一真
- 1448 「超」フランス語入門 西永良成
- 352 日本の名作 小田切　進
- 2556 日本近代文学入門 堀　啓子
- 2609 現代日本を読む―ノンフィクションの名作・問題作 武田　徹
- 563 幼い子の文学 瀬田貞二
- 2156 源氏物語の結婚 工藤重矩
- 2585 徒然草 川平敏文
- 1798 ギリシア神話 西村賀子
- 2382 シェイクスピア 河合祥一郎
- 2242 オスカー・ワイルド 宮崎かすみ
- 275 マザー・グースの唄 平野敬一
- 2404 ラテンアメリカ文学入門 寺尾隆吉
- 1790 批評理論入門 廣野由美子
- 2641 小説読解入門 廣野由美子

地域・文化・紀行

t2

560 文化人類学入門（増補改訂版） 祖父江孝男
2315 南方熊楠《みなかたくまぐす》 唐澤太輔
2367 食の人類史 佐藤洋一郎
92 肉食の思想 鯖田豊之
2129 カラー版 地図と愉しむ東京歴史散歩 竹内正浩
2170 カラー版 地図と愉しむ東京歴史散歩 都心の謎篇 竹内正浩
2227 カラー版 地図と愉しむ東京歴史散歩 地形篇 竹内正浩
2346 カラー版 地図と愉しむ東京歴史散歩 お屋敷のすべて篇 竹内正浩
2403 カラー版 地図と愉しむ東京歴史散歩 地下の秘密篇 竹内正浩
2327 カラー版 イースター島を行く 野村哲也
2092 カラー版 パタゴニアを行く 野村哲也
1869 カラー版 将棋駒の世界 増山雅人
2117 物語 食の文化 北岡正三郎
596 茶の世界史（改版） 角山栄
1930 ジャガイモの世界史 伊藤章治
2088 チョコレートの世界史 武田尚子
2361 トウガラシの世界史 山本紀夫
2229 真珠の世界史 山田篤美
1095 コーヒーが廻り世界史が廻る 臼井隆一郎
1974 毒と薬の世界史 船山信次
2391 競馬の世界史 本村凌二
650 風景学入門 中村良夫
2344 水中考古学 井上たかひこ